病と信仰

病を担うイエスと生きる

黒鳥偉作

日本キリスト教団出版局

あなたたちは生まれた時から負われ

胎を出た時から担われてきた。

同じように、わたしはあなたたちの老いる日まで

白髪になるまで、背負って行こう。

わたしはあなたたちを造った。

わたしが担い、背負い、救い出す。

（イザヤ書 46:3–4）

息絶えようとするとき

わたしは主の御名を唱えた。

わたしの祈りがあなたに届き

聖なる神殿に達した。

（ヨナ書 2:8）

はじめに

カナダのマーガレット・フィッシュバック・パワーズによるとされる「あしあと」という詩があります[1]。日本でもよく知られている詩であり、ご存知の方も多いのではないでしょうか。その内容を大まかに説明しつつ、本書の目的に重ねて展開したいと思います。

この詩には主人公がいます。その方は、地上の生涯の終わりにあって、ある夢をみているようです。そして、夢の中で、イエスさまと共に海岸を歩いている、というビジョンを得ます。

振り返れば、砂浜にはいつも二組の足あとがありました。ひとつは自分の、そしてもうひとつはイエスさまの足あとです。その光景をみて、その方は深く安堵します。しかし、次の瞬間、その方は言葉を失います。なぜなら、一組の足あとしか残されていない場面を見てしまったからです。しかもそれは、孤独と悲しみの極限であり、病の苦しみの果てにいたときのことでありました。その理不尽な扱いに対して、その方はイエスさまを責めました。「あなたを最も必要としたときに、あなたは私を見捨てました」。それに対して、イエスさまはその方に向き合い、次の御心を備えてくださいました。

「あのとき、足あとは一組しかなかった。
私があなたを担っていたからである」

以上が「あしあと」の概略になります。この詩の冒頭のように、私たちはイエスさまと共に人生を歩んでいます。そしてこの世が、さらにはその方自身が自らを見捨ててしまうほどの苦難の中にいるとき、前に進めなくなった私たちをイエスさまが背負ってくださるということを、この詩は示しています。

主人公の苦難は、それまでの人生をすべて否定してしまうほどの大きな出来事でした。しかし、そのような存在の無に至るほどの絶望の中で、唯一、イエスさまの御心が、そこにあってくださいました。たとえ独りきりであったとしても、「あなたを担う」という御心は決して滅びることなく用意されている。むしろ、苦難を通してこそ、私たちはイエスさまの御心、つまりこの世で最も大いなる神さまの愛を真に知ることができる、とさえ言えるのではないでしょうか。私たちの救いである神さまの愛の在《あ》り処《か》がどこであるのか、この詩は明確に示していると私は考えています。

《病を担うイエスさま》の御心は、私たちの想いを超えて、私たちのすぐ近くにおられます。この信仰を明らかにすることが本書のテーマであり、私に与えられた課題です。

＊

私はひとりのキリスト者であり、北海道の小さな町で働く医者です。日本のへき地医療を支えるために創設された自治医科大学を卒業し、その使命を全うしてきました。この私の毎日を支えたのは、《病を担うイエスさま》への信仰です。それはこの詩が描くものであり、また何より平山正実《まさみ》先生から受け継いだものです。

本書八五頁以下で詳しく記しますが、平山先生はキリスト者の精神科医として働いた方でした。また、悲しみの研究や死生学という生と死を考える学問で日本の第一人者として活躍されました。そして、自死された方とそのご家族に寄り添い、医療の中でグリーフケアを最も大切にされました。

二〇一三年、私は、闘病中であった平山先生による聖学院大学大学院の講義を補佐する機会に恵まれ、恩師の信仰と医療哲学を学ぶことができました。講義の帰り道に告げられた「病を担う信仰の意味を考えてください」という課題は、自分の主題となり、以来一心に歩んできました。

当時、私はまだ内科医で、平山先生の思想をきちんと理解しているのか、不安を感じていたのですが、その後、へき地の精神科診療の必要性を感じ、自治医科大学や北海道大学にて研鑽《けんさん》を積みました。また、出会った患者さんから多くのことを学び、歩みを強められ、医者として生かされてきました。

＊

そして今、二〇二〇年春、この《病を担うイエスさま》への信仰は私の中で、いよいよ大切なものとなっています。

本書はコロナ禍の最中でまとめられました。今世界で起きているのは、言葉を失う出来事です。社会生活のみならず、信仰生活を変えるこの大災害は、私たちに計り知れないほど大きな喪失をもたらしています。しかし一方、私たち信仰者は、この惨禍の中でも神さまが共におられることを決して忘れてはおりません。

私たちの神さまは、病で横たわる方を、ベッドの下で支えてくださる「下への超越者」であると、平山先生がおっしゃったことを思い出します。[2]本書の第六章で詳しく扱いますが、平山先生の最後の著書、『死と向き合って生きる』の附論にて、平山先生はキリスト教神学者である熊澤義宣先生の言葉を引用しました。熊澤先生は牧師としての働きに加え、東京神学大学の学長や聖学院大学大学院の教授、キリスト教メンタル・ケア・センター理事長などを務めた方です。学生時代、肺結核に罹患《りかん》され、晩年は心筋梗塞による心臓発作を繰り返されるなど闘病のご経験がありました。とくに最後の二年間はベッドで寝たきりの生活が続いたそうです。熊澤先生は、そうした患者としての体験を「病床からのメッセージ」と題し、公表しています[3]。

「この十字架というものは、実はわたしが横たわっているこのベッドの下にあるんだ……つまり、わたしは何もできない、そういう、いってみれば無力のきわみと申しましょうか、あるいはどん底と申しましょうか、そこに身を横たえなければならない姿になった時に、実はわたしをそのどん底の一番下の所で受けとめてくれているものがある、このわたしを受けとめているものが実はイエス・キリストのあの十字架の姿なんだ[4]」

「しかし、全く無力な姿でベッドの上に横たわっているそのどん底におちこんだわたしをゆるして、血を流してまでもわたしの一番下の所で、ベッドの下でしっかりと受け止めようとされている神の愛が、その十字架の中には含まれているんだ、そこに神の愛が示されているんだということに気がつきました時に、わたしは十字架というものは、わたしにとってこんなにも身近なものであったか、しかも、神からもっとも遠いはずのわたしの一番身近な所にこの十字架がわたしを受け止めているんだ、ということに気づかされたわけです(5)」

熊澤先生は病気になってあらためて無力な自分が生かされている価値を考えさせられたと言い、この信仰に平山先生は注目しました。

人間は、生きている以上、喪失体験や悲嘆を避けて通ることができません。しかしこの苦難の中にある一人ひとりを支えるために「下へと超越してくださるお方」がある。苦難の渦中に神さま、そして、《病を担うイエスさま》はおられる。この平山先生の信仰を、私は受け継ぎ、信じています。

次の平山先生の言葉も私の導きであり続けています。

「われわれは、この世にあって、罪責・犠牲・病（とくに心の悩み）、死の悲しみを担って生きなければならない。心悩む人にとってもその家族にとっても、そうした悲しみを主にあって担い合い社会化し、創造的に生きるにはどうしたらよいのか、また、その悲しみを糧にして、人格的成長をもたらすための鍵は何か、さらに、そうした悲しみを聖化し、その悲しみを超越し再生するためにどうすればよいのか、それは、われわれ一人一人に問われている信仰の課題である(6)」

＊

医療現場は、神学論争や信仰問答をする場ではありません。医療者として、科学的思考をもとに治療を行う、患者さんの回復を目指すという姿勢を決して忘れることはありません。一方、信仰者として、病む人を支え、そして、他者への愛を実践するためには祈りが必要です。祈りは、目の前にいる人の存在を「ただ肯定する」姿勢に他なりません。

科学的思考と信仰。どちらも重んじ、己の限界をわきまえながら、なおも病に悩む方々の癒やしと救いを信じる、これが《病を担うイエスさま》への信仰をもつ医療者のあり方であると考えています。

「時に癒やし、しばしば和らげる。だが慰めはいつも与えられる」

この言葉は、近代外科の父と言われる、フランスのパレのものです[7]。「われは包帯するのみ、神が癒やしたもう」という信仰の言葉も彼によるものです。苦難に遭われている方に対して、医療は、肉体への配慮だけでなく、魂への配慮としての慰め、そして祈りが必要なのだと教えられます。

＊

本書は、これまで私が発表した論文をもとに、《病を担うイエスさま》を主軸に置いてまとめています。

第一部では、まず、第二イザヤが肯定した「苦難の僕」と《病を担うイエスさま》のつながりを再考します。次に、《病を担うイエスさま》と出会ったパウロによる病の告白の意義と、病を担う主の僕としての気づきについて考察します。さらに、《病を担うイエスさま》によって安息日が癒やしのときに転換されたことについて述べます。第一部の最後に、病を担う調停者として、塵と灰の中を歩んだヨブを振り返ります。

第二部では、平山先生のご生涯を振り返り、《病を担うイエスさま》に対する先生の信仰を明らかにします。また、平山先生の附論に込められた、神さまとのとりなしについて解説します。最後に、平山先生がその生き方に共感したと思われるヘンリ・ナウエンの心の軌跡を考察し、「心の傷」を背負った、病を担うナウエンの生き方を明らかにします。

本書が病を担う方々への慰めの一助となれば、これ以上の喜びはありません。

注

1 マーガレット・フィッシュバック・パワーズ『主の御腕に抱かれて――「足あと」に献げる感謝の花束』尾崎安訳、新教出版社、一九九七年。

2 平山正実『死と向き合って生きる――キリスト教と死生学』教文館、二〇一四年、一五八頁。

3 熊澤義宣『キリスト教死生学論集』教文館、二〇〇五年、一〇三―一一二頁。
4 熊澤義宣『キリスト教死生学論集』、一〇七頁。
5 熊澤義宣『キリスト教死生学論集』、一〇九頁。
6 平山正実『心悩む者に神宿る』いのちのことば社、二〇〇三年、二一二―二一三頁。一部改変。
7 日野原重明「死の教育――デスエデュケーション」、日野原重明・山本俊一編『死生学・Thanatology 第三集 他者の死から自己の死を観る』技術出版、一九九〇年、二五二―二七四頁。

目次

目　次

※本書の引用する聖書は基本的に『聖書　新共同訳』（日本聖書協会）に準拠しています。

装丁　松本七重

第一部

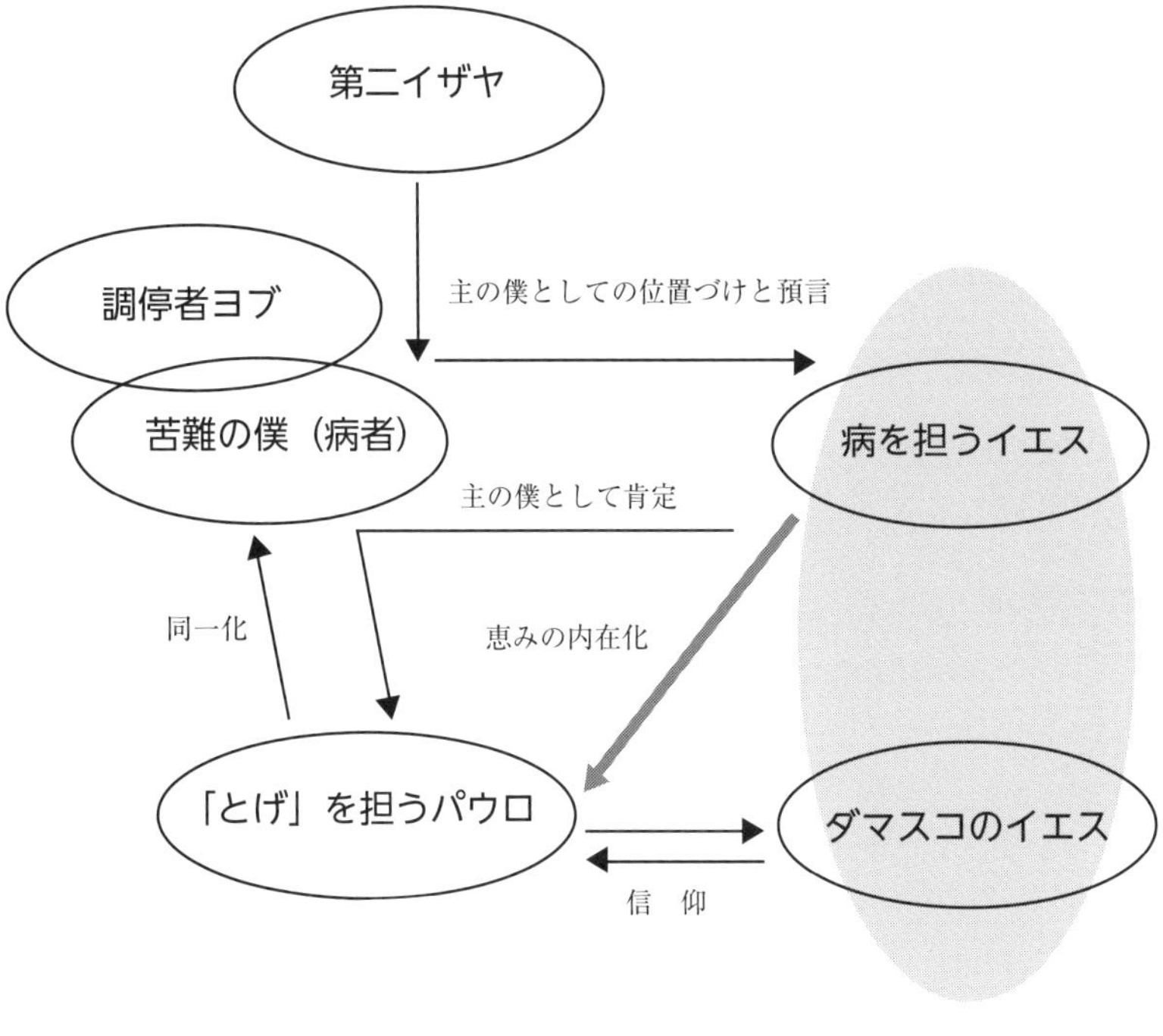
第二イザヤ
調停者ヨブ
主の僕としての位置づけと預言
苦難の僕（病者）
病を担うイエス
主の僕として肯定
同一化
恵みの内在化
「とげ」を担うパウロ
ダマスコのイエス
信　仰

第1章　苦難の僕と病を担うイエス

もし、病の苦しみの中にあっても「病を担う」という新たな人生の歩みを肯定する誰かがいてくださるのならば、それはこの世での希望として、その方にとってのかけがえのない財産になるのではないでしょうか。この「病を担う生き方」を、聖書を通して考えていくことが本書の課題です。

論考に入る前にまず述べなければならないことは、聖書の時代、病は罪と同一視されていましたが、[1][2]現代医学において罪と病との因果関係は証明されていないという事実です。また、サタンを病気の原因とみなすことも現代医療においてはふさわしくないでしょう。

その大前提のもと、聖書に学んでいきたいと思います。

イエスさまの癒やし

新約聖書にはイエスさまによる数多くの奇跡物語があります。とくに、イエスさまが奇跡を行い神さまのわざを体現された病の治癒物語は、ただ癒やしを扱うだけではなく、神さまの救いとは何かを示す重要な箇所と考えられています。[3] 一方、現代医学からみると、治癒物語は神話や迷信として退けられてしまうかもしれません。しかし、癒やしと救いの諸相には当時の様々な背景があり、人々の苦しみがあり、そして、その苦難にイエスさまが誠実に向き合ったことを、治癒物語は記しているのです。[4] つまり治癒奇跡の大きな目的は、神さまが、イエスさまを通して、病をもった人と関係を結んだことを記すことであり、[5] この関係の重要性は、聖書の時代も現代も変わらないと言えるでしょう。

神さまが病人と関係を結ぶとは、どういうことなのか。イエスさまによる治癒物語の一つをみてみましょう。

「夕方になると、人々は悪霊に取りつかれた者を大勢連れて来た。イエスは言葉で悪霊を追い出し、病人を皆いやされた。それは、預言者イザヤを通して言われていたことが実現するためであった。『彼はわたしたちの患いを負い、わたしたちの病を担った』」

（マタイ８・16―17）

この17節「彼はわたしたちの患いを負い、わたしたちの病を担った」という文章は、旧約聖書のイザヤ書から引用されたものであり、この「彼」とは「苦難の僕《しもべ》」という人物、もしくは人格化された共同体のことだと考えられています。[6] 引用元となったのは次の文章です。

「彼が担ったのはわたしたちの病、彼が負ったのはわたしたちの痛みであったのに、わたしたちは思っていた、神の手にかかり、打たれたから、彼は苦しんでいるのだ、と」

（イザヤ書53・４）

「多くの人の過ちを担い、背いた者のために執り成しをしたのは、この人であった」

（イザヤ書53・12）

福音書記者マタイは、イエスさまの働きを記すだけでなく、イエスさまが癒やしのわざを行った根拠として、旧約聖書からの引用を加えたのです。なぜでしょうか？

苦難の僕

このイザヤ書53章は「苦難の僕の歌」と一般に題されています。イエスさまよりも五〇〇年も前に生きた「第二イザヤ」と呼ばれる人物がその歌の作者で、慰めの預言者とも呼ばれます。当時、旧約聖書の民は祖国を破壊され、遠い異国バビロニアに連行されていました。このバビロニア捕囚という民族の存亡の危機の際に、苦難の中で生きる民に希望を語り、救いの道を示した預言者です。(7)

ここに描かれる「苦難の僕」は、神さまに帰依していましたが、病に罹《かか》り、多くの傷を負った人物（あるいは、人格化された共同体）です。周りの人々は、この苦しみが神さまとの関係を断たれたためであると考え、苦しむ僕を軽蔑し、見捨てました。この僕は栄光の姿とはほど遠かったとされますが、第二イザヤは、そういう姿である信仰者の中にこそ、神さまと人間とのとりなしが行われ神さまの栄光が現されると、とらえました。「とりなし」とは「対立する二者の間に入って、関係性を回復させること」ですが、第二イザヤは苦難の僕に、まさに神さまと民の間を取り持つ働きを見出したのです。そしてこれは第二イザヤが今目の前に見ている人物の姿であるだけでなく、やがてそのような人物が現れるという預言でもありました。

前述のように、聖書の時代、病は因果応報によって与えられた神さまの罰として理解されていました。しかし、この僕の存在と第二イザヤの預言によって、苦難の意味は新しくとらえなおされました。つまり「苦難の僕」は他者の苦しみを担っているのであり、その僕と神さまは共にある、という信仰です。「苦難の僕」がどのような存在であったか学問的な議論はありますが、(8)第二イザヤの預言は旧約聖書における神さまの救いの頂点とも考えられています。(9)

そして、福音書記者は、苦しみを一身に背負い傷ついた「苦難の僕」を、イエスさまと重ね、救い主の根拠として引用しました。病が担われたという理解は旧約聖書から新約聖書へと継承され、キリスト教信仰の根幹をなしていくのです。

「病を担う」ことを支えられる

ところで、前述の福音書の場面において、病を受け担う主体は、厳密に言えば病人であったはずです。一方、イエスさまは癒やす主体であって病人ではありませんでした。しかし福音書は、苦難の僕であるイエスさまが「わたしたちの病を担った」と記します。病人が自らの病を主体的に担っていく歩みに、イエスさまが同伴してくださり、力を添えてくださるのです。

そもそも「病を担う」とはどういう意味なのでしょうか。イエスさまは、ただ病を取り除くだけでなく、病人の痛みや苦しみ、傷をわが身のことのようにとらえ、苦しみを共に分かち合われました。その共苦を土台にして、イエスさまは病人に手を当て、言葉をもって病からの回復や成長を促し、癒やしのわざを行いました。病人の苦悩に共感し、関わり、癒やしを行うことはまさに「病を担う」ことそのものです。そしてこの働きは、人々と神さまとの関係をとりなすという、イエスさまの大いなる意義と一致している、といえるのではないでしょうか。このような視点から新約聖書を俯瞰《ふかん》すると、《病を担うイエスさま》の姿勢は福音書すべてに共通する祈りのように思われるのです。

さて、ここで重要なことは、病を担う主体は、やはり病人自身であるということです。前述のとおり、イエスさまは病を担ったがゆえに、病人と神さまとのとりなしを行うことができました。もしそうであるならば、病をまさに担っている病人こそ、自分と同じように今苦しんでいる隣人を、神さまにとりなす働きにふさわしい、と考えることができます。すなわち病をもつ一人一人が、《病を担うイエスさま》に似た者となるように、聖書は招いているのです。

例えば、イエスさまは癒やしのわざを行いつつ、「あなたの信仰があなたを救った」（マルコ5・34）という言葉を病人に残しています。イエスさまは病を担う者の中に、神さまの存在を確かにみてとっていました。病を担う信仰者には神さまが共にいて、さらに、その信仰者自身を、神さまとのとりなしを担うにふさわしい者へと育ててくださいます。だからこそイエスさまは「あなたの信仰があなたを救った」と告げた後、「安心して行きなさい」とこの癒やされた人を新しい使命へと押し出します。

この新しい使命については、イエスさまが次のように弟子たちに語った言葉が思い出されます。「わたしの兄弟であるこの最も小さい者の一人にしたのは、わたしにしてくれたことなのである」（マタイ25・40）。ここで言われている最も小さい者の困難を担うことは、この方を神さまにとりなすことをも秘めています。そしてこのわざは、「病を担う」者の働きでもあると思われます。

「新しい使徒」として

《病を担うイエスさま》は、病を担う病人に対して、新しい人生をとらえるための新たな視座を獲得するよう促しています。それは次の箇所にも明らかです。

ルカによる福音書17章11―19節には、イエスさまによる十人の癒やしの物語があります。病気を患う十人が「イエスさま、先生、どうか、わたしたちを憐れんでください」と言ってイエスさまを出迎えました。彼らは途中で「清くされ」、「その中の一人は、自分がいやされたのを知って、大声で神を賛美しながら戻って来た。そして、イエスの足もとにひれ伏して感謝した。この人はサマリア人だった」と、聖書に記されています。イエスさまは、残りの九人に関して「清くされたのは十人ではなかったか。ほかの九人はどこにいるのか。この外国人のほかに、神を賛美するために戻って来た者はいないのか」（ルカ17・17―18）と述べ、戻ってきた一人に対しては「立ち上がって、行きなさい。あなたの信仰があなたを救った」（ルカ17・19）と述べました。

通常この箇所は、癒やし主であるイエスさまへの感謝と賛美について記した箇所として理解されます。一方、私たちが《病を担うイエスさま》という視座に立つのであれば、癒やされた残りの九人に対するイエスさまの願いは、癒やされたことへの感謝だけにとどまりません。《病を担うイエスさま》が望むことは、病人の病が担われ神さまとのとりなしが行われたことに基づき、その人自身が病を担うことに積極的な意義を見出し、神さまとのとりなしを行う者として新しく歩む、ということではないかと思います。そうすると、病を担う病人が行う神さまとのとりなしは、自分自身のためだけにとどまりません。つまり、病を担う者は、神さまを待ち望む病人と、神さまとをとりなす「新しい使徒」として歩むよう要請されている、と理解することができるのではないでしょうか。

癒やしや赦しの奉仕を行う牧会者や医療者の中には、《病を担うイエスさま》によって導かれた病人のように、自ら病を担いながら素晴らしい働き、癒やしを行っている方がたくさんおられます。病を担うことは大変な苦難であり困難であり、軽々しい言葉は慎みたいと思います。そのことをわきまえた上で控えめに申し上げますが、病を担う方々こそが、神さまに、より一層愛され、恵みを受けるにふさわしい癒やし人であります。病を担いつつ、癒やしを行う方と共に《病を担うイエスさま》はおられ、地の塩、世の光として創造的人生の歩みが備えられている、と私は信じています。

注

1　木田献一、山内眞監修『新共同訳 聖書事典』日本キリスト教団出版局、二〇〇四年、一一九―一二〇頁。

2　H・W・ヴォルフ『旧約聖書の人間論』大串元亮訳、日本キリスト教団出版局、一九八三年（オンデマンド版二〇〇五年）、二八九―二九九頁。

3　R・H・フラー『奇跡の解釈』早川良躬訳、日本キリスト教団出版局、一九七八年。
4　荒井献『イエスとその時代』岩波書店（岩波新書）、一九七四年、七八―九四頁。
5　A・リチャードソン『福音書における奇跡物語』小黒薫訳、日本基督教団出版部、一九五八年。
6　中沢洽樹『苦難の僕――イザヤ書53章の研究』新教出版社、一九五四年。
7　中沢洽樹『第二イザヤ研究』山本書店、一九六二年。
8　関根清三「第二イザヤ書における代贖思想の成立――編集史的考察」『旧約における超越と象徴――解釈学的経験の系譜』東京大学出版会、一九九四年、三七三―五一〇頁。
9　関根清三「ヘブライの宗教倫理と贖罪思想――『イザヤ書』『第二イザヤ』を中心に」『ギリシア・ヘブライの倫理思想』東京大学出版会、二〇一一年、二七三―二九七頁。

第2章　病を担うパウロの信仰告白

前章にて、私たちは「苦難の僕」と《病を担うイエスさま》のつながりについて確認しました。イエスさまが癒やす主体であり、かつイエスさまが痛みや苦しみ、傷をわが身のように感じ、とらえ、共に病を担った存在であったことを考えました。「そのお受けになった傷によって、あなたがたはいやされました」（Ｉペトロ２・24）という記述が、まさにこのイエスさまのお姿を示しています。

ところでイエスさまは、病人に対して「あなたの信仰があなたを救った」（マルコ５・34）という言葉を残されました。この言葉から、イエスさまが病人の内に、その病を担う神さまの存在を見ていた、ということがわかります。イエスさまはたしかに病を担われましたが、同じように病人を「苦難の僕」である主の僕として見ていたのではないでしょうか。このイエスさまのまなざしを受け、同じように病を担う生き方を歩んだパウロの告白に注目したいと思います。

なぜ、弱さを誇れたのか？

コリントの信徒への手紙二の12章において、パウロは病を担う姿勢を鮮明にしています。パウロは自身の病を次のように表現しています。「わたしの身に一つのとげが与えられました」（12・7）。

いまだにパウロの「とげ」が何をさすのか具体的にはわかっておりません。しかし、肉体に激しい痛みを伴うものであり、何らかの病気と関連するものであったと考えられています。さらに、「とげ」は弱さと同一であり、パウロ自身に多くの痛みや苦しみがあっただけでなく、迫害する者にもその弱さを責められました。だからこそパウロは、それが取り除かれるよう三度も（12・8）、つまり何度も繰り返し神さまに祈り続けました。かつてパウロは、「とげ」である病の弱さを持っていることは、宣教においてふさわしくない、と考えていたのです。

ところが今パウロは、その「とげ」に対する評価を大きく変えています。パウロは、むしろその弱さを誇っていることを強調しています。「しかし、自分自身については、弱さ以外には誇るつもりはありません」（12・5）。他の手紙にも、弱さを肯定するかのようなパウロの記述があります。「知ってのとおり、この前わたしは、体が弱くなったことがきっかけで、あなたがたに福音を告げ知らせました」（ガラテヤ4・13）。

なぜ、パウロはこのように、弱さへの評価を大きく変えたのでしょうか。弱さ以外に誇るつもりはない、つまり、弱さのみを誇ることができたのでしょうか。その理由は、パウロ自身が本当の福音を与えられたからに他なりません。

パウロはイエスさまの次の言葉を聞いたのです。「わたしの恵みはあなたに十分である。力は弱さの中でこそ十分に発揮されるのだ」（Ⅱコリント12・9）。続いて「キリストの力がわたしの内に宿るように」と記されていることからもわかるように、これはパウロに内在している《病を担うイエスさま》の言葉であると理解できます。

この箇所を読み解く上で、前述した「苦難の僕」の認識や《病を担うイエスさま》の信仰を理解することが不可欠になります。つまり、パウロは、イエスさまが病を担ってくださるという信仰を踏まえて、パウロが一人で苦しんでいるのではなく、イエスさまがパウロの病をとらえており、さらに、イエスさまはすでにパウロに代わって痛みを引き受けてくださっている、という気づきにたどり着いたのです。

たしかに、パウロは大回心にて、すでにイエスさまと出会っていました。「サウロは地に倒れ、『サウル、サウル、なぜ、わたしを迫害するのか』と呼びかける声を聞いた」（使徒9・4）とある通りです。しかし、パウロは過信することなく、「それで、そのために思い上がることのないようにと、わたしの身に一つのとげが与えられました」（Ⅱコリント12・7）と述べ、イエスさまが病を担ってくださっているという奇跡以上の恵みはない、と強調しているのです。

この箇所でしか述べられていないパウロによる「とげ」の自己開示は、先行した神さまの恵みが最も大いに働く場所がどこにあるのか、という根本的な告白だと考えられます。つまり、病を担う存在への信仰告白とは、自己の弱さに反比例して、病を担い、かつ治療者であるイエスさまが内在しているというその強さ、確かさを証しすることです。

「苦難の僕」としてのパウロ

さて、パウロが見た景色はここでとどまりません。パウロが悟った二つの点について注目したいと思います。

まず、前述のようにパウロは大回心などを経てイエスさまと出会っており、すでにその恵みにあずかっていました。さらに、「とげ」に苦しむパウロに対して、「わたしの恵みはあなたに十分である。力は弱さの中でこそ十分に発揮されるのだ」とお語りくださる、内在しているイエスさまの言葉を聴きました。

ここで前述のイエスさまの言葉「あなたの信仰があなたを救った」を踏まえれば、パウロ自身が「苦難の僕」、つまり主の僕であることを、《病を担うイエスさま》によって気づかされた、と考えることができるのではないでしょうか。

パウロの「とげ」は現実の痛み、この世での本当の病であり、パウロはそれを取り除いてくださるように神さまに祈り続けました。その願いは否定されるものでは決してありません。パウロは、その願いをもったまま、《病を担うイエスさま》を通して、主の僕として自らの十字架を受け入れることができたのではないでしょうか。そして、「とげ」をもつ主の僕こそ宣教にふさわしいという、使徒としての新たな自覚に至ったのではないでしょうか。

もちろん、パウロは「とげ」に対する忍耐も神さまより与えられたわけですが、これは彼が病の継続を願ったことを意味してはいません。なぜなら、「とげ」を取り去ってほしいというパウロの祈りは心からの願いであり、また、治癒物語からわかるように、病からの回復はイエスさまのお働きだからです。「では、どういうことになるのか。恵みが増すようにと、罪の中にとどまるべきだろうか。決してそうではない」（ローマ6・1―2）という箇所もあるように、パウロは病の状態にとどまることを望んでいたわけでは決してありません。病と共に歩まざるをえなかったのです。

その苦難や闘病の中に、《病を担うイエスさま》が介在し、その慰めをいただいて、パウロも「主の僕」としての歩みを始めることができたと言えるのではないでしょうか。病を担うとは、単に病の状態にとどまることではありません。病をもってなお、イエスさまと共に主体的に歩む生き方です。

病を通して神さまに出会う

二つ目は、苦難の時にこそ《病を担うイエスさま》との真の出会いがあるということです。パウロは、たしかに大回心によってイエスさまとすでに出会いました。しかし、その出会いと、「とげ」を受けるという、まったくの負の状態でのイエスさまとの出会いは、パウロにとって大きく異なる局面だったはずです。

私たちも病に圧倒されるとき、予期せずして神さまと出会う、そういう局面がありま す。このことは、神さまは遠く、そして、近いことを意味しているのではないでしょうか。「上への超越」を目指す人間には決して理解できないことですが、「下への超越」(本書七頁以下参照)を意味するベッドの下という、病を担う者の最も近い場所に神さまはいる、という気づきを突然与えられることがあります。ここで、私と一人のご婦人との出会いを紹介したいと思います。なお、プライバシーへの配慮のため、論旨に影響のない範囲で細部に改変や変更を施し、個人が特定されることのないよう匿名化しています。

夏のある日、八十歳を超える胃がんの末期と診断された方が、緩和ケアのために入院されました。当初は身体的な苦痛も和らぎ、穏やかな日々が続いていました。

しかし、段々と表情がこわばるようになり、言葉数も少なくなっていきました。病室を訪れても以前のような笑顔はなく、目を合わせることもほとんどなくなっていました。ついには食事をまったくとらず、口を一文字に閉ざしてしまうようになりました。その様子から身体的な痛みのみならず、むしろ本人が積極的に食べないようにしている意思表示にも思えました。入院して間もない頃、「もし治るなら無理してでも食べたい。そう思って食べている。食べるのは辛いけど、もし少しでも良い方向へ行くことができるのなら食べたい」とご婦人が語っていたからです。

心の奥に秘められた孤独や、言葉にならない絶望と苦悶が表情から感じられました。以前と変わってしまった姿を見るにしのびなく、ご家族の足も自然と遠のいてしまい、陽のあたらないベッドの上で過ごす時間が増えていきました。

なんとか生きる希望を持ってもらいたいと考えていたとき、病院の地域で夏祭りがありました。以前に「昔は踊りを踊ったり、歌を歌ったりすることが好きだった」と懐かしそうに話していたことを思い出し、彼女と一緒に盆踊りを見に行くことを決めました。悪化の一途をたどる、状態のあまり良くない方を病院の外に連れ出すことに抵抗はありましたが、夕暮れの中、車いすを押して飛び出しました。

小さな盆踊り大会は近くの公園で行われていました。子どももあふれ、屋台が数軒並んでいました。しばらくすると音楽が流れ、自然と輪ができ、おもむろに踊る人が集まってきました。私たちもその輪の外側にさりげなく加わり、しばらく見学させてもらいました。彼女は踊る人たちを目で追いながら音頭をとっているようでもありました。

しかし、苦痛の表情は変わりません。数十分後、夜も深くなってきたのを感じ会場を後にしようとしたところ、主催者側の計らいにより思いがけずスイカが振る舞われました。スイカは一切れずつ一人一人に手渡しされ、ついに私たちのところにも誰かが届けてくださいました。赤ちょうちんに照らされたスイカはいかにも美味しそうで、夏の暑さとも人の熱気とも区別がつかないその場にはとてもふさわしいようでした。

私たちも一緒にいただこうと彼女に手渡した、そのときです。その方の眼に一瞬のうちに光が宿り、そして命があふれるかのように顔がほころび、スイカを口に運んでいました。一口一口ゆっくりではありましたが、何度も繰り返し噛《か》みながら無心に食べ続けていました。ご婦人が一切れすべてを食べてから、私たちは夏祭りを背にして病院へと戻りました。彼女は寝る寸前まで口の中に残ったスイカを味わいながら、夢の世界へと吸い込まれていきました。

信じられない出来事でしたが、奇跡はそれで終わりませんでした。翌日以降、彼女は毎日病院食を食べるようになりました。約一か月間、かたくなに口を閉ざして食事を食べなかったのです。私はこの出来事を「スイカのしるし」ととらえました。この奇跡は、食欲が出てきた時期とたまたま重なっただけなのかもしれません。また、ずっと使い続けていた痛み止めや気分を安定させ食欲を亢進《こうしん》させる薬がやっと効いてきたのかもしれません。いずれにせよ、私は「スイカのしるし」を神さまに感謝しました。

これまで彼女にとって、どれほど食べることが苦痛であったでしょうか。食べたい、けれども痛みが強く、治らないのであれば食べられない。食べたくない、けれども少しでも良くなる可能性があるならば食べたい。人生を賭けた対立する葛藤を、軽々しく解釈することなどできません。ご婦人にとって生きるとは何か、その一つの答えが「スイカのしるし」であったと私は受け止めました。

治療法がなくなっても、生きようとする意志が病を乗り越えるという出来事は少なからずあります。「パッチ・アダムス」という映画にも同じような場面があります。

「パッチ・アダムス」は実在の医者がモデルであり、愛とユーモアを通して人々の体と心を癒やしていく物語です。映画の最後のシーンの一部に、生きることに絶望し、食事をとらなくなってしまった患者さんが登場します。病気が重く、治療も難しい状況にあり、気力までも衰えてしまってはもはやどうしようもなく、そこでパッチ・アダムスに助けが求められました。しかし、彼は治療することではなく、その患者さんの夢を聞くことから始めました。その患者さんの夢、それは「スパゲッティのプールに入ること」でした。「スパゲッティのプールに入ること」はもちろん病気の根本的な治療ではありません。しかし、パッチ・アダムスは患者さんの夢を実現させ、そして、一度生きる意味を見失った患者さんは、死を前にして再び生きる希望を取り戻したのでありました。

さて、数日後、私はご婦人と共に、今度は夏の終わりに行われる町の花火大会を見ようと病院の屋上にいました。秋を感じさせるには十分の、少し寒い夜でしたが、闇の空に浮かび上がりまっすぐに照らす光を彼女はじっと見つめていました。寒さに耐えかねて私の方から「体が心配だから中に入りましょう、戻りましょう」と、自身の弱さを隠しながら勧めました。すると、私の心を見抜いているかのように首を横に振り、はっきりと断られました。最後の最後まで花火を繰り返し見て、そして病室に戻りました。「スイカのしるし」から約一か月後の深夜、彼女の状態は急変しました。残された時間がそう長くないことを認識しました。次の日、私は日本キリスト教団の補教師試験のために大阪に向かっており、新幹線の中で本を読んでいました。その時、同僚からの電話によりご婦人が亡くなられたことを知らされました。最期にはご家族に見守られながら、眠るように旅立たれたということでした。

しばらく時間が経過した後、私はふと疑問に思いました。あの夏の盆踊りに私たちを導いて一緒に車いすを押してくれたのは誰だったのでしょうか。突然参加した場違いな私たちにスイカを手渡してくれたのは誰だったのでしょうか。夏の終わりの花火を一緒に見ていたのは私たちだけだったのでしょうか。彼女が臨終を迎え苦しみに耐えていたとき、私がその場にいなくても、イエスさまがそこに、その人の傍らにいて、共に痛みを、病を背負ってくださっていたのではないでしょうか。むしろ、神さまとご婦人の間をとりなす仲介者として私は傍らにいたにすぎなかった、と「スイカのしるし」を通して私は信仰を深めました。

私たちは人間という生物である以上、病になること、そしていつかは神さまのもとに帰ることを避けられません。病気から回復することはもちろんこの世における最大の喜びです。同時に、定められた時に《病を担うイエスさま》と真に出会い、この世を共に生きていくこともまた大いなる喜びではないでしょうか。

パウロは「とげ」を抱えていたからこそ、その喜びにあずかったのです。神さまは人間が想うより遥かに遠く、しかし、一番近い場所におられます。回心の際にイエスさまを知る賜物を得たパウロは、病を患うことにより《病を担うイエスさま》と出会い、より一層の恵みをいただきました。また病を通して、パウロ自身が「苦難の僕」、主の僕であることを自覚し、弱さを背負いながら宣教するということの大いなる意義を見出したのではないでしょうか。そのようなパウロの生き方から、病を担う私たちも「苦難の僕」であり、《病を担うイエスさま》と共に生きる存在であることに気づかされるのです。

第3章　癒やしの安息日を生きる

本書は、《病を担うイエスさま》への信仰を中心に据えて論述を進めてきましたが、本章では、安息日に目を配りたいと思います。この日は、イエスさまによって意味を深められ、病を共に担う癒やしと深く関わる日とされました。

神さまに従う生き方の回復

安息日とは、「休む」を意味するヘブライ語「シャッバート」の訳語です。[1] ユダヤ教は、安息日を、礼拝を守る聖なる日と位置づけていました。

安息日の根源的な意味は「やめる、もしくは止まる」ことです[2]。旧約聖書に記述されているように、神さまは天地創造を行った後に、安息の時を用意されました。

「第七の日に、神は御自分の仕事を完成され、第七の日に、神は御自分の仕事を離れ、安息なさった。この日に神はすべての創造の仕事を離れ、安息なさったので、第七の日を神は祝福し、聖別された」（創世記2・2―3）

「モーセは彼らに言った。『これは、主が仰せられたことである。明日は休息の日、主の聖なる安息日である。焼くものは焼き、煮るものは煮て、余った分は明日の朝まで蓄えておきなさい』」（出エジプト記16・23）

これらの箇所を根拠とし、神さまにならって休止する日として安息日は定められました。

また、次の記述もあります。

「安息日を心に留め、これを聖別せよ。六日の間働いて、何であれあなたの仕事をし、七日目は、あなたの神、主の安息日であるから、いかなる仕事もしてはならない。あなたも、息子も、娘も、男女の奴隷も、家畜も、あなたの町の門の中に寄留する人々も同様である。六日の間に主は天と地と海とそこにあるすべてのものを造り、七日目に休まれたから、主は安息日を祝福して聖別されたのである」（出エジプト記20・8―11）

このように、安息日には、人間がこの世のために労働することが禁止されていました。さらに、通常の労働が禁止されていただけでなく、いろいろな事柄も細かく規定されていました。例えば、火をたくこと、薪《たきぎ》を集めること、食事を用意することなどが禁止されており、違反した者は重罰に処せられました(1)。

「安息日を守りなさい。それは、あなたたちにとって聖なる日である。それを汚す者は必ず死刑に処せられる。だれでもこの日に仕事をする者は、民の中から断たれる」

（出エジプト記31・14）

このような厳格な禁止、何事もなさないことが、なぜ定められているのでしょうか。その目的は、人が「自らの力で何かを得た」という思いから逃れ、ただ神さまから与えられたこの世の命を再確認することです。[3] この世での労苦から一時解放され、創造主との関係性に立ち帰り、神さまに従う生き方を取り戻すこと、安息日はそのための休息でした。

搾取からの解放

旧約聖書における安息日は、神さまを賛美し、神さまに感謝する日という信仰的側面から重要であるだけではありません。経済的側面からも大きな意義がありました。人間を生産活動に埋没させることへ抗《あらが》うための休息、搾取からの解放という意味です。聖書には次のようにあります。

「安息日を守ってこれを聖別せよ。あなたの神、主が命じられたとおりに。六日の間働いて、何であれあなたの仕事をし、七日目は、あなたの神、主の安息日であるから、いかなる仕事もしてはならない。あなたも、息子も、娘も、男女の奴隷も、牛、ろばなどすべての家畜も、あなたの町の門の中に寄留する人々も同様である。そうすれば、あなたの男女の奴隷もあなたと同じように休むことができる。あなたはかつてエジプトの国で奴隷であったが、あなたの神、主が力ある御手と御腕を伸ばしてあなたを導き出されたことを思い起こさねばならない。そのために、あなたの神、主は安息日を守るよう命じられたのである」（申命記5・12―15）

ここから読み取れるように、聖書の原則は、人間も家畜も、寄留者も奴隷も、あらゆるものが神さまの前では平等であることです。それゆえ休養に関しても、等しく保障される必要があると考えました。

さらに、出エジプト記23章12節には「あなたは六日の間、あなたの仕事を行い、七日目には、仕事をやめねばならない。それは、あなたの牛やろばが休み、女奴隷の子や寄留者が元気を回復するためである」ともあります。成人の奴隷やイスラエル人奴隷を安息日に働かせることはできなくても、女奴隷の子や寄留者（外国人）であれば仕事をさせやすいと見なされる可能性があります。聖書はこういう「よるべなき者」にも休養を与えねばならない、と命じるのです(4)。本来、安息日は人間による神さまへの礼拝のために用意された時でしたが、政治的、経済的に人間の支配を受ける者たちが神さまへの信仰を取り戻すための休止としての価値が生まれ、高められました。

これは果てしない欲望を追求する、行き過ぎた人間社会への警鐘でもありました。このことは、現代でも通じる戒めではないでしょうか。高度に発達した資本主義社会においては、富を増大させるための労働の集中は不可欠であり、弱い立場の人々が搾取されてきた背景があります。昨今において過重労働とうつ病との関連や過労死、自死などの課題が大きく論じられています。これらの労働の周辺で起こる健康問題は、人間が人間を支配する社会構造が内包する闇の一部分にすぎません。大勢の人間が一部の人間によって支配され非人間的な扱いを受けていく、という人間の傲慢さの極みです。

この闇深い現代社会に生きる者にとって、安息日の意義はいよいよ大きいのではないでしょうか。神さまとの関係を重んじ感謝と賛美を行う日として安息日が設けられ、さらに、人間が人間を支配する生活からの解放につながる日として安息日が備えられた、という二

重の意義を見過ごすことはできません。(2)

主を喜ぶ日

さて、安息日は「人が何事もなさない、なしえない」ことを大切にし、神さまのみなしえたことを賛美する、ということを目的としていました。また、人間が疲れ切って滅びることのないように、神さまの被造物である人間が休止、休息する日として深められていきました。

こうした多様な安息日理解の中心にあるのは何でしょうか。

旧約聖書の中には、さらに、安息日に「喜び」という積極的な要素を見いだした箇所があります。

「安息日に歩き回ることをやめ、わたしの聖なる日にしたい事をするのをやめ、安息日を喜びの日と呼び、主の聖日を尊ぶべき日と呼び、これを尊び、旅をするのをやめ、したいことをし続けず、取り引きを慎むなら、そのとき、あなたは主を喜びとする」

（イザヤ書58・13―14）

この「あなたは主を喜びとする」という一文は、安息日の深い意義を示しています。それは、神さまへの感謝や賛美だけにとどまらず、また人間の休止だけではなく、安息日を人間にとって真の喜びの日とせよ、という要請です。

この「あなたは主を喜びとする」というイザヤ書の記述は、キリスト教信仰に受け継がれます。ユダヤ教において、安息日の規定は厳しく守られ、生命に関わる緊急事態以外には禁止事項を行ってはなりませんでした。しかし、イエスさまは、安息日に行うべきことを再び見つめ直されました。

「安息日は、人のために定められた。人が安息日のためにあるのではない。だから、人の子は安息日の主でもある」（マルコ2・27―28）

このように、イエスさまは、人間による形式的な安息日遵守を批判されました。なぜなら形式を重んじるあまり、主を喜びとする、という大切な目的が損なわれてしまう可能性があるからです。安息日は神さまが人のために用意された日であり、主を喜びとするために何をすべきか、再考を促したのです。イエスさまは安息日を否定したのではありません。主を喜びとするという根源的な目的に立ち帰ることを人々に求め、この休止において人々が行うべき神さまへの感謝、賛美とは何か、と問いかけたのです。

安息日こそ病が担われるときである

この「主を喜びとする」ということと深く関わるのが、本書の主題である癒やしの出来事です。この連関を踏まえてこそ、安息日にイエスさまのなさったことが理解できます。

「イエスはまた会堂にお入りになった。そこに片手の萎えた人がいた。人々はイエスを訴えようと思って、安息日にこの人の病気をいやされるかどうか、注目していた。イエスは手の萎えた人に、『真ん中に立ちなさい』と言われた。そして人々にこう言われた。『安息日に律法で許されているのは、善を行うことか、悪を行うことか。命を救うことか、殺すことか。』彼らは黙っていた。そこで、イエスは怒って人々を見回し、彼らのかたくなな心を悲しみながら、その人に、『手を伸ばしなさい』と言われた。伸ばすと、手は元どおりになった」（マルコ３・１―５）

神さまを信じる病人にとって病からの回復こそ真の喜びです。それゆえイエスさまは、安息日にあえて癒やしを行いました。本来は安息日には癒やしのわざが禁じられ、その他の日々に行うべきとされたのですが、あえてそれを逆転させることで、「安息日こそ癒やしの時である」と明らかにしたのです。神さまを信じる人間が主を喜びとする安息日と、神さまの介在による病の癒やしの時が、イエスさまによって一致したのです。

さて、これまでの章で「苦難の僕」と《病を担うイエスさま》への信仰、そして、「とげ」を担うパウロの病の信仰告白について考察してきました。イエスさまの行った癒やしと救いのわざが、ただ病を取り除くだけでなく、病人の痛みや苦しみ、傷をわが身のことのように感じ、とらえ、共に病を担うということが同時になされていたことを見てきました。

手を当て、言葉をもって行った癒やしのわざ（例えば、マタイ8・3）は、病人の苦悩を共感し、関わり、神との関係をとりなし、その病を担うという行為、そのものでもありました。病を担うからこそ、病人との創造的な信頼関係が生まれ、回復への道筋が備えられると私は考えています。このような視点からイエスさまの癒やしの要素を考えると、病からの回復と、病を共に担うという救いがあり、その二つが一致して同時に行われた、と見るべきではないでしょうか。

ところで、ユダヤ教には、「永遠が一日を発語する」と表現される、永遠の救いの象徴が安息日である、という思想があります。二〇世紀最大のユダヤ教哲学者の一人、ヘッシェルは次のように言っています。「安息日が世界に到着するや、夜の沈黙《しじま》の中に一つの歌をまき散らす。永遠が一日を発語する。……週日のすべては救済の望みしか残されていない。しかし安息日が世界に登場するや、人は現実の救済の瞬間が魂に触れるのを感じる。あたかも救世主《メシア》の霊が一瞬間大地の上を飛翔しているかのように感じる(5)」。

天地創造の七日目に、神さまはご自分の仕事を完成され、それを見届けられました。すべてのことを俯瞰し認められた、という意味で、神さまのわざすべてが安息日という一日に集約されているのです。この日に特別な価値をユダヤ人は見出してきました。イエスさまによる癒やし、そして病を担う救いは、この安息日に行われることで、神さまの大いなるわざと重ねられました。

ここで重要なのは、イエスさまが安息日以外ではなく、まさにこの安息日にあえて癒やしのわざを行った、そして、病を癒やすために病を担われた、ということです。「安息日に律法で許されているのは、善を行うことか、悪を行うことか。命を救うことか、殺すことか」とあります。病を担うという視点から、「安息日こそ病が担われる時であり、癒やしの時である」とイエスさまはとらえたのではないでしょうか。また、永遠性を内包する安息日に癒やしを行うことで、イエスさまはご自分のわざが永遠の救済につながることを示そうとしたと考えられます。よって、イエスさまの病を担うという姿勢と癒やしのわざの普遍性・永続性が、（神のわざが集約される）安息日の癒やしによって現された、と治癒物語をとおして読み解くことができるのではないでしょうか。

病人にとっての日常は、病によって支配されていました。イエスさまに出会うまでは日々に救いはなく、そして安息日においても病が担われることはありませんでした。しかし、《病を担うイエスさま》による癒やしにあずかることができ、病人は、安息日の趣旨である主を喜ぶ機会をようやく見つけることができました。また、神さまが天地創造の完成を見届けたように、イエスさまが病人の病を永遠に担うこと、癒やしのわざを行うことが約束されたのです。これが、病人にとっての救いとなりました。

本稿で考えてきたことを命題として記すと「安息日は病が担われる時である」となります。この命題の「対偶[6]」を考えますと、「病が担われる時でなければ、安息日ではない」となり、これは「真」と考えられます。イエスさまが病を担われる時は、安息日のみではありません。しかし、病を担われることがなければ、安息日とは言えない、というのがイエスさまによる安息日の癒やしでした。

一方、命題の「逆」を考えますと、次のようになります。「病が担われる時こそ安息日である」。この「逆」は、「偽」にも「真」にもなりえる、と考えます。「偽」となりえるのは、前述のとおり、イエスさまは安息日以外も病を共に担ってくださっていると考えられるからです。しかし、イエスさまに病を担われているということは、安息日の目的である主を喜ぶことに他なりません。イエスさまと共に病を担い回復の道を歩む限り、病人にとって毎日が主を喜び、神さまを賛美する安息日と同じ日々になりえます。この点において、「病が担われる時こそ安息日である」という命題は「真」となります。

つまり、病人の苦しみの日常は、安息日においても、安息日以外の信仰生活においても、《病を担うイエスさま》によって、主を喜び神さまを賛美する恵みの日々へと変えられていった、といえるのではないでしょうか。このようにして、イエスさまの関わりによって病人はこの世を生きるための新たな座標軸を見いだすことができました。病人が苦悩するこの世の日々と、病が担われイエスさまと共に回復の時を目指すという安息日が一致することによって、病人の信仰生活はまったく新たなもの、つまり、主を喜ぶ生活に変えられていったのです。

病という荷を降ろす安息日

他方で、安息日を生きるということは、病の状態をずっと維持しなければならないということではありません。むしろ、イエスさまが病を担ってくださるからこそ、病人は病という重荷を安息日に降ろすことができるのではないでしょうか。

「疲れた者、重荷を負う者は、だれでもわたしのもとに来なさい。休ませてあげよう。わたしは柔和で謙遜な者だから、わたしの軛《くびき》を負い、わたしに学びなさい。そうすれば、あなたがたは安らぎを得られる。わたしの軛は負いやすく、わたしの荷は軽いからである」（マタイ11・28―30）

病を中心に生活せざるをえない生活の中であっても、安息日は病から離れ、神さまへと立ち戻る休止でもあります。病と距離をとり、主を喜ぶ、そして神さまを賛美する、それこそが安息日の目的でした。そして、《病を担うイエスさま》がいてくださるからこそ、私たちは回復を目指すという希望を抱くことができました。

「安息日は、人のために定められた。人が安息日のためにあるのではない。だから、人の子は安息日の主でもある」（マルコ2・27―28）

このような箇所をとおして、ユダヤ教の安息日をさらに深めた、イエスさまによるキリスト教の安息日の新たな意義が示されています。イエスさまが病を担ってくださるからこそ、私たちは主を喜ぶという日々の信仰を守られます。そして、キリスト教の安息日においてこそ、私たちは病という重荷を降ろし、休止の時として真に平安を得ることができるのではないでしょうか。この世と神さまの世界の二重生活を強いられる私たち、そして病に苦しむ方にとって、《病を担うイエスさま》の存在を知ることが、現代においても癒やしと救いになりえる、と私は考えています。

注

1　木田献一、山内眞監修『新共同訳 聖書事典』日本キリスト教団出版局、二〇〇四年、九三―九四頁。

2　W・ブルッゲマン『旧約聖書神学用語辞典――響き合う信仰』小友聡・左近豊監訳、日本キリスト教団出版局、二〇一五年、三三―三六頁。

3 関根清三『旧約における超越と象徴――解釈学的経験の系譜』東京大学出版会、一九九四年、六二―六七頁。

4 H・W・ヴォルフ『旧約聖書の人間論』大串元亮訳、日本キリスト教団出版局、一九八三年（オンデマンド版二〇〇五年）、二七四―二八八頁。

5 A・J・ヘッシェル『シャバット――安息日の現代的意味』森泉弘次訳、教文館、二〇〇二年、九六―九八頁。

6 「aならばbである」という命題の対偶は「bでないならaでない」。逆は「bならばaである」。

第4章　病を担う調停者ヨブ――新しい人間の誕生

ヨブ記は、神さまの僕の信仰と苦難を扱う、難解の書です。この書は、信仰者に共通する苦しみのすべてを扱っています。ヨブは、現実に苦しみを覚える方と同じ立場にあり、であるからこそ、その生き様に多くの信仰者が共鳴し、そして慰められてきました。また、平山正実先生も同じようにこの慰めの書を扱い、神さまとヨブの「病を担う」意義を明らかにしようと努められました（平山正実『精神科医の見た聖書の人間像――キリスト教と精神科臨床』教文館、二〇一一年）。これまで本書では《病を担うイエスさま》への信仰を明らかにしてきましたが、改めて病を担う人間とは何か、ヨブの姿から読み解きたいと思います。

ヨブが神さまに出会うまで

ヨブは、「わたしの僕」(1・8、2・3)と言われ、義人の中の義人、とされていました。神さまの愛を受けていましたが、突然、苦難を背負わされ、瞬く間に孤独と絶望の底に追いやられてしまいました。そして、ヨブは病にもかかります。

「ヨブは灰の中に座り、素焼きのかけらで体中をかきむしった」(2・8)

ここで「灰」という表現がでてきますが、他に「塵」という言葉もでてきます。

「今や、わたしは横たわって塵に返る。あなたが捜し求めても、わたしはもういないでしょう」(7・21)

創世記に「お前は顔に汗を流してパンを得る、土に返るときまで。お前がそこから取られた土に。塵にすぎないお前は塵に返る」（創世記3・19）とあります。苦難や災難、そして死の象徴的な意味が「灰」や「塵」に込められています。

＊

さて、ヨブ記は4章から27章まで、ヨブと三人の友人との対話で進められていきますが、友人の言葉に対して、ヨブの悲しみや怒り、苦悩、絶望の心情が独白に近い形で組み合わさっていきます。「もうたくさんだ、いつまでも生きていたくない。ほうっておいてください、わたしの一生は空しいのです」（7・16）というあきらめの言葉を述べながら、ヨブは問います。

「人間とは何なのか。なぜあなたはこれを大いなるものとし、これに心を向けられるのか」（7・17）

ヨブは、自身の誕生のことを「あなたはわたしを乳のように注ぎ出し、チーズのように固め、骨と筋を編み合わせ、それに皮と肉を着せてくださった」（10・10―11）と振り返りますが、同時に、神さまは何のために人間を造ったのか、人間の存在とは何か、自問自答していきます。

そして、ヨブは一貫して神さまとの仲裁を担ってくださる調停者を求めていきます。

「正義に訴えても、証人となってくれるものはいない」（9・19）
「あの方とわたしの間を調停してくれる者、仲裁する者がいるなら」（9・33）
「人とその友の間を裁くように、神が御自分とこの男の間を裁いてくださるように」（16・21）
「あなた自ら保証人となってください。ほかの誰が、わたしの味方をしてくれましょう」（17・3）

＊

次第に、ヨブの絶望は高まり、前述した「灰」や「塵」の記述が増えていきます。

「わたしは粗布《あらぬの》を肌に縫い付け、わたしの角と共に塵の中に倒れ伏した」（16・15）
「どこになお、わたしの希望があるのか。誰がわたしに希望を見せてくれるのか。それはことごとく陰府に落ちた。すべては塵の上に横たわっている」（17・15―16）
「わたしは知っている、わたしを贖《あがな》う方は生きておられ、ついには塵の上に立たれるであろう」（19・25）
「だが、どちらも塵に横たわれば、等しく、蛆《うじ》に覆われるではないか」（21・26）
「夜、わたしの骨は刺すように痛み、わたしをさいなむ病は休むことがない。病は肌着のようにまつわりつき、その激しさにわたしの皮膚は、見る影もなく変わった。わたしは泥の中に投げ込まれ、塵芥《ちりあくた》に等しくなってしまった」（30・17―19）

＊

友人との対話は幾重にも重ねられますが、その末にエリフという四人目の人物が登場します（32―37章）。エリフは絶望の中に沈み込むヨブに対して、苦難をとおしてもう一度、神さまへの信頼を強くすることを説いていきます。

「神はあなたにも、苦難の中から出ようとする気持を与え」（36・16）

「苦難を経なければ、どんなに叫んでも、力を尽くしても、それは役に立たない」（36・19）

これらは、神さまのわざを信頼せよ、という言葉です。そして、苦難の意味に対して、とりなし役、つまり調停者が必要であることを、ヨブに共感しながら述べます。

「千人に一人でもこの人のために執り成し、その正しさを示すために、遣わされる御使いがあり、彼を憐れんで、『この人を免除し、滅亡に落とさないでください。代償を見つけて来ました』と言ってくれるなら、彼の肉は新しくされて、若者よりも健やかになり、再び若いときのようになるであろう」（33・23―25）

＊

そして38章以下のヨブ記のクライマックスにおいて、神さまはついに「嵐の中」(38・1、40・6)で現れました。この嵐とは、風が吹き荒れるという意味ではなく、ヨブの身に起こった苦難の比喩としてみるべきでしょう。神さまは、ヨブのこの世での栄光の日々ではなく、「嵐」の中でこそ現れたのです。そうして、ヨブは神さまと真に出会いました。

「あなたのことを、耳にしてはおりました。しかし今、この目であなたを仰ぎ見ます。それゆえ、わたしは塵と灰の上に伏し、自分を退け、悔い改めます」(42・5―6)

このとき、ヨブは初めて神さまを知りました。「塵」と「灰」の上に伏し、「嵐」の中で、つまり絶望の中で、神さまと出会わされました。最初から最後まで、ヨブは神さまの僕(42・8)としてとらえられていましたが、神さまがいつも共にいてくださったと気づいたのは、ヨブの幸せな日々ではなく、病と苦難の悲しみの日々でした。

患者さんに教えられたこと

エリフは「神はあなたにも、苦難の中から出ようとする気持を与え」（36・16）と述べておりますが、これは決して簡単なことではありません。絶望の淵にある方への支援は、医療の中で最も介入の難しい分野でもあります。ここで私は、ある方との出会いを紹介することで、この問題を深めていきたいと思います。なお、プライバシーへの配慮のため、論旨に影響のない範囲で細部を改変し、個人が特定されることのないよう匿名化しています。

＊

ある日、腹痛を訴える男性が救急車にて運ばれてきました。その男性は、波のように訪れる激しい腹痛に苦悶していました。精密検査の結果、すぐに手術が必要な状態であること、また、手術をしても助からないかもしれないほど重症であることがわかりました。ただちに医療スタッフが集められ、手術のための準備が始まりました。ところで、手術を行うためには、まず患者さんやご家族に治療の必要性、方法、合併症などを説明し、同意を得なければなりません。しかし、一刻を争うほど切迫した状態であったため、同意の前提の上に作業が進んでいました。

数十分後、医療者の足取りが重いことに他の作業をしていた私は気づきました。どうやら、患者さんと唯一のご家族である母親が手術を拒否したといいます。手術という方法を取らなければ、間違いなく死んでしまうのです。複数の医師による再三の説得が行われましたが、結局、彼は応じませんでした。実は、拒否した理由は、彼の今までの人生の中にありました。

数年前に事業に失敗され、会社が倒産し、借金だけが残ったそうです。それを契機に離婚され、ご家族がバラバラになり、それからはずっと母親と二人暮らしの生活を送ってきました。その後、派遣会社など不規則な仕事を通じて収入を集めて暮らされていました。これまで絶望されるような経験を何度もされてきたのでしょう。このまま楽に痛みだけとってほしいと訴えられました。一方母親も、今まで迷惑をかけられ続けたのだからもう十分だ、そのようにもおっしゃっていました。結局、手術をしないまま、痛みを緩和する治療を選択されました。病室に移った後、死の影が今か今かと迫ってくるようでした。

死へのカウントダウンは着々と刻まれていくのに、医療者はその部屋に一人もいませんでした。誰もが彼の命を救いたいと思い、誠意を尽くしていました。しかし、治療を希望しないという患者さんの自由な意思がある以上、その判断を覆《くつがえ》し強制的な治療を行うほどの医学的に妥当な根拠がなければ、医療者はその決断を尊重しなければなりません。この時点で、医療の介入はもはや不可能な状況でした。医療という枠組みから外れた患者さんに対し、医療者それぞれも強い絶望を感じていました。

＊

ただ苦しみを取るだけであれば、薬によって眠らせることが可能です。苦痛も取り除くことができます。しかし、それだけでその方の背負ってきた絶望を癒やすことができるのでしょうか。病室は深い闇に支配され、この方の生き方を表しているかのようでした。今にも彼は死のうとしていました。彼は数分ごとに訪れる激痛に苛《さいな》まれながらも、意識をはっきり持っておられ、私に話をはじめました。

「痛みをとってくれ。この痛みさえなくなれば、もういいんだ。とにかく今は眠らせてほしい」

痛みの弱まる間には、今度は絶望の言葉でつなげられます。

「もういい。私は心底疲れた。よく聞いてください。この世の中に人間は二種類しかいないのです。逆境にあってもなにくそと挑戦し、そして成功できる人間と、落ちぶれて、ただ惨めに敗北感を持って死んでいく人間です。そして、私は惨めな人間であり、今までの人生は最悪でした。これこそどん底です。何もかもあきらめました」

人間誰しもが死ななければなりません。そして、患者さんの自由意思に、そう簡単に逆らうことはできません。しかし、その時に、私は答えました。

「大変申し訳ありませんが、これまでのあなたの人生を私は知ることができません。また、あなたの今までの苦しみのすべてを理解することもできません。しかし、私にとって一番重要なのは、今目の前にいるあなたです。そして、医療者にとってはそれがすべてです。あなたはどう生きたいのですか」

今までやり場のないどうしようもない言葉しか出てきませんでしたが、じっと内なる声に耳を澄ましているかのように見えました。激痛が度々彼を襲いましたが、ご本人の心の中で何かがせめぎあっているようにも感じられました。

＊

「もう一度生きていいのだろうか。今からでも遅くはないのだろうか」

何度かの対話の後、「手術を受けられるだろうか」と、彼は私に質問しました。数時間遅れていましたが、手術を行う用意はすでに整っていました。彼は生きる決心をし、手術を受けることを望みました。この申し出に医療スタッフ全員が驚かされました。同意をきちんと得た後、すぐに手術が進められました。手術室に入る直前、彼は言いました。

「不思議ですね。もう一度生きようと思った後から急に元気が出るんです。さっきまで手足があんなに冷たかったのに、今はぽかぽかしています。一度は死ぬ覚悟を決めました。自由になんでもしてください」

彼は、先ほどのたうち回っていた人とは別人であるかのように活気を取り戻しました。

そして、手術は成功に終わりました。手術を終えた後も驚異的な回復力を見せ、彼の体調は日に日に良くなっていきました。手術の影響によって痛みは時に強くなりましたが、以前のような絶望の言葉はなく、むしろ心身に起こる目まぐるしい変化を受け入れていました。

＊

手術自体は成功しましたが、彼は癌を患っており、残念ながら完治するまでに至りませんでした。しかし、彼の生きる喜びが変わることは二度とありませんでした。

「今が楽しい、治療が楽しい、生きることが嬉しい」

彼の人生を変えたのは何だったのでしょうか。絶望を負った人がその苦しみを受け入れること、そして生き方を変えることは難しいことです。ある日、私が病室を訪れたとき、たまたま救急車で病院に運ばれてきたときの話になりました。

「あの場にどれくらいの医療者がいたでしょうか。五人、六人、いやそれよりももっと多かったかもしれません。でも、苦しんでいる私の傍《そば》にいてくれたのはあなただけでした。だから、私の残りの人生は生かされたものです。私の身体が役に立つのであれば、医療の発展のために使ってください」

　病気であることを自覚してもらうこと、病気の治療のために意欲を引き出すことは医療の中でも最も難しいことであり、関わった医療者全員が精一杯の努力をしていました。エリフの「神はあなたにも、苦難の中から出ようとする気持を与え」（36・16）るという行為は本当に難しいことです。一方、過去に注目するのではなく、現在の苦難を共に乗り越えようとする視点は極めて重要である、とも痛感しました。

　ここで注意していただきたいことは、彼が指摘した「あなた」とは誰だったのか、という点です。彼が苦難の中にいたとき、病室にいたのは私だけでなく、看護師もおりました。他の医療者も交互に病室に出入りしていました。そのことを考えますと、生きる希望を患者さんに与えた「あなた」は、《病を担うイエスさま》だったのではないか、と思いました。

　その方との出会いによって、私は大きな恵みをいただきました。その方は平安のうちに天に召されていきましたが、そのかけがえのない出会いが医者としての私を成長させました。また、その方こそが、医療の中で生きる《病を担うイエスさま》のことを言い表してくださり、さらに私と神さまとのとりなしをしてくださった、と感じました。

神さまとの間をとりなす働き

この方との出会いを通して私は、医療者と患者さんの関係性が一方的なものではなく、双方向のものであり、互いに神さまとの関係をとりなし合うことができるのだ、と教えられました。この気づきを通して、ヨブの三人の友人に対する理解も深められました。

友人たちはヨブと共にありましたが、対話の中で苦難を様々な角度から分析し、因果応報論によってしばしばヨブを責めていました。ヨブはその言葉に対して、「どうか黙ってくれ、黙ることがあなたたちの知恵を示す」（13・5）、「どうか、わたしの言葉を聞いてくれ。聞いてもらうことがわたしの慰めなのだ」（21・2）と言います。

病気に苦しむ方にとって、一番してほしいことは、その悩みや悲しみをただ黙って聞いてもらうことです（平山正実前掲書、一〇五―一〇八頁参照）。よって、ヨブの苦難の大きさに比べれば、友人たちの言葉はいかにも傲慢です。しかし、ここで重要なことは、友人の言葉は正しくなかったものの、その共苦の姿勢には注目すべきものがあったのではないかという点です。

「遠くからヨブを見ると、それと見分けられないほどの姿になっていたので、嘆きの声をあげ、衣を裂き、天に向かって塵を振りまき、頭にかぶった。彼らは七日七晩、ヨブと共に地面に座っていたが、その激しい苦痛を見ると、話しかけることもできなかった」（2・12―13）

実は、友人たちもヨブの姿を前にして、沈黙せざるをえなかったということが記されています。友人たちも共に沈黙の底にいて、共に苦しんでいたことがわかります。友人たちはヨブの苦難と共にいたのです。

＊

その上で、ヨブと友人たちに対して、主の赦しが行われます。ヨブ記の最終章42章に次のようにあります。

「主はこのようにヨブに語ってから、テマン人エリファズに仰せになった。『わたしはお前とお前の二人の友人に対して怒っている。お前たちは、わたしについてわたしの僕ヨブのように正しく語らなかったからだ。しかし今、雄牛と雄羊を七頭ずつわたしの僕ヨブのところに引いて行き、自分のためにいけにえをささげれば、わたしの僕ヨブはお前たちのために祈ってくれるであろう。わたしはそれを受け入れる』」（42・7―8）

ここで、神さまは、ヨブの友人たちが「わたしについてわたしの僕ヨブのように正しく語らなかった」と語っていますが、これは不自然な言葉です。なぜなら、それまで神さまは、ヨブに対して「これは何者か。知識もないのに、言葉を重ねて、神の経綸《けいりん》を暗くするとは」（38・2）と述べられているように、ヨブの主張を否定し、言い負かし、圧倒していたからです。

しかしながら、その後唯一、神さまから反論されなかったヨブの言葉があります。それが、「それゆえ、わたしは塵と灰の上に伏し、自分を退け、悔い改めます」（42・6）という告白です。この直前、ヨブは神さまの「これは何者か。知識もないのに、神の経綸を隠そうとするとは」（42・3）との言葉を悟ったと述べており、この悟りがヨブを悔い改めに導いたことがわかります。

＊

神さまが「わたしの僕ヨブが正しく語った」と受け止めたのは、ヨブの悔い改めの告白の、特に「わたしは塵と灰の上に伏し」という部分だったのではないでしょうか。

私はこの部分を、神さまが「塵と灰」、つまり苦難の中にこそ真におられる、という信仰告白と理解します。そして、神さまが「塵と灰」におられるという事実が「神の経綸」ではないでしょうか。これは本書で私たちが扱ってきた《病を担うイエスさま》の信仰の視座と響き合います。

さらに言えば、ヨブは「それゆえ、わたしは塵と灰の上に伏し」と言っていますので、神さまは「塵と灰」の上に立たれるだけではなく、「塵と灰」の中に、もしくは「塵と灰」の下におられ、だからこそヨブは感謝をもって「塵と灰の上に伏し」たとさえ、言えるのではないでしょうか。当初、苦難にあい、「ヨブは灰の中に座り」（2・8）ましたが、苦難の中にいる神さまを見出し、「塵と灰の上に伏し」たのでありました。ヨブ記のはじめと終わりの違いを、ここに見出すことができます。

＊

ヨブの悟りはそれだけにとどまりません。最後に、神さまは「わたしの僕ヨブはお前たちのために祈ってくれるであろう。わたしはそれを受け入れる」（42・8）と語りました。つまり、ここで調停者の存在が明らかになりました。前述したように、苦しみにあえいでいたヨブは、調停者の存在を待ち望んでおりました。しかしながら、神さまは、苦しみの中でさらに苦しみ、痛みの中でさらに痛む、「わたしの僕」ヨブをこそ、真に調停者と位置づけていたのです。四人目の友人、エリフの言葉をもう一度思い出します。

「千人に一人でもこの人のために執り成し、その正しさを示すために、遣わされる御使いがあり、彼を憐れんで、『この人を免除し、滅亡に落とさないでください。代償を見つけて来ました』と言ってくれるなら、彼の肉は新しくされて、若者よりも健やかになり、再び若いときのようになるであろう」（33・23—25）

このようにして、病を担うヨブ、この人こそ神さまの経綸を語り、また、隣人と神さまとのとりなしを行うにふさわしい、という事実に気づかされます。ヨブは、苦難を共にしていた友人たちのために、その救いのために、まさに調停者として遣わされたのでありました。そして、病を担うヨブという新しい調停者によって、友人たちは神さまの赦しにあずかることができました。

「新しい人間」の誕生

加えて、病を担うヨブは、神さまと友人たちをとりなす以上の使命を与えられます。ヨブは、神さまと神さまを信じる者の間に立つ調停者であると位置づけられたのではないでしょうか。ここに、病を担う調停者という新しい人間のあり方が示されました。「人間とは何なのか。なぜあなたはこれを大いなるものとし、これに心を向けられるのか」（7・

17）とヨブは問いかけていましたが、神さまによってその答えがヨブ自身に体現されたのです。

ヨブが語った「あなたはわたしを乳のように注ぎ出し、チーズのように固め、骨と筋を編み合わせ、それに皮と肉を着せてくださった」（10・10―11）という事実は、人間としての第一の誕生です。この姿は前述のように、ヨブの義人としての姿でもありました。そして、病を担い苦難をとおして、「塵と灰」の中に、「塵と灰」の下に神さまがおられることに気づき、「塵と灰の上に伏す」人間の登場こそ、この世での第二の誕生になりました。友人のために祈ったあと、ヨブはこの世での祝福を再び受けました。「塵と灰」の中にいます神さまは、「塵と灰」から私たちの命を再び立たせてくださる方です。しかし、この回復は苦難の前の状態とは異なり、慰めと恵みによりあふれた祝福となっています。このようにして、神さまと人間をとりなす使命を与えられた、病を担う「調停者ヨブ」は、この世での真の祝福にあずかったということができるのではないでしょうか。

神さまと人間とのとりなしを担う「調停者ヨブ」という理解は、第二イザヤに見出された苦難の僕、そして《病を担うイエスさま》の恵みを受けた「病を担うパウロ」の存在につながっていきます。その行末は、苦難の今を生きる、病を担う方へと受け継がれていることに間違いはありません。

病に苦しむ方が病を担われつつ、「塵と灰」という苦難の中にこそ真に神さまは生きている、という信仰を身にまとっているのであれば、その方こそ神さまと人間の間をとりなす調停者なのではないでしょうか。いつの時代においても、病を担われる方こそが神さまと共に歩む創造的人生の道を示してくださる、そして、その方には神さまの大いなる祝福が与えられている、と私は信じています。

第二部

第5章　平山正実の共苦と希望

原点となった遺言

二〇一三年、キリスト者にして精神科医であり、日本の精神医療に貢献した平山正実先生は七五歳の生涯を閉じられました。葬儀は近親者、牧師、チャプレンのみで行われ、二〇一四年一月十一日、聖路加国際病院聖ルカ礼拝堂にて記念式が執り行われました。当日は人であふれ、礼拝堂に入ることのできなかった参列者が多数いらっしゃいました。献花の長い列は一時間を越えて続きました。

二〇〇九年十一月、平山先生は肺がんを患っていました。しかし、病状を公にはせず、闘病中も臨床や教育、講演活動を精力的にこなされました。平山先生は精神病理学や病跡学に基礎を置きつつ、患者さんを客観的な対象としてではなく、神さまによって生かされている人格をもった、病める存在としてとらえ続けました。悲嘆研究や臨床死生学の開拓者としてだけでなく、二十年以上にわたってデイケアや訪問支援、家族会など地域精神医療に尽力し、生活者としての視点を忘れませんでした。さらに、自死予防とともに、遺されたご家族へのいわれなき非難を知り、遺族支援を重要視しました。社会の中で、たとえどのような生と死の諸相があったとしても、苦難の中で生きようとした人々の苦悩を私たちの問題として受けとめ、共苦の思想をもって向き合われました。

このような活動の背景には多くの患者さんとの出会いがあり、さらに原点には大学時代の友人との死別体験があったといいます。親友の遺書、死の数時間前に投函された平山先生宛ての手紙の中に、「私のような心を病んでいる人を助けるような仕事をしてください」という言葉が残されており、それを真摯《しんし》に受けとめたと告白しています。平山先生は彼の死によって激しい揺さぶりを経験されましたが、遺されたメッセージを抱き続けることによって、むしろ自身が生かされ、共に生きるようになったといいます(1)。その記憶は忘却できない悲しみであったと同時に、創造的人生を歩むための希望の源泉であったのです。

本稿では、平山先生の生涯を俯瞰することによってその信仰を明らかにし、精神医療とキリスト教の接点を探りながら、共苦の姿勢に隠された希望のありかを提示します。

患者の視点の重要性

平山先生は、一九三八年東京都に生まれ、一九六五年、横浜市立大学医学部を卒業されました。その後、精神医学を専攻し、東京医科歯科大学医学部神経精神医学教室、島薗《しまぞの》安雄先生や宮本忠雄先生から教えを受けました。勤務医として臨床に携わりながら、文化や地域、旅行などによって変化する精神症状の報告をきっかけとし[2]、宗教と狂信との相違、祭りと躁病の関係、文化摩擦による精神症状の変化などを一九七〇年から九〇年代にかけて報告しています。

平山先生は精神医学を足がかりにして、病のもつマイナスの側面だけでなく、プラスの側面である人間学的な意味について当初から注目していました。その背後にはキリスト者としての信仰があり、その内なる世界において医療倫理と信仰は統合されていました。そして、多くの患者さんと出会いながら精神科医としての基礎が形作られ、医療者として、キリスト者としての思想を深めていったのです。

一九七四年、自治医科大学の精神医学教室初代教授に就任した宮本先生のもとで平山先生は講師として赴任されました。一九八二年、哲学科と兼任する形で助教授に就任し、医療哲学を担当されました。さらに、一九八四年度から基礎教育科目の一部として「医療人間論」という学科目が設けられ、講義を担当するようになりました。「医療人間論」は、医学生の人格的成長を助け、医療者としてのあるべき死生観や医師像を形成するために行われるもので、当時は革新的な試みでした。医療に恵まれない地域に貢献するために作られた自治医科大学の黎明期に医療哲学に関わり、読書会や病状実習を企画し、医師とはどうあるべきか、どのように患者さんと関わり治療を行うべきか、在学生と討論を重ね、建学の精神を築いていったのです。

医学生の人格形成において、平山先生は科学的な真実とは違った面での人間の真実に触れることを重要視しました。人間のもつ悲しみの問題を患者さん、医療従事者、ご家族・ご遺族が一緒に考えつつ、医学的なモデルによって疾患を解決する方法と、悲しみを共有しながらむしろ患者さんの視点に立って病気に関与する方法の、二つのアプローチの必要性を強調しました。例えば、当時、ターミナルケアの教育は、必要性は認められながらも、死を敗北ととらえる医療の風潮の中に組み入れることは難しいことでした。しかし、平山先生は医療者としての態度がどうあるべきか、医師として治療を行うだけでなく、患者さんの側に立つとはどういうことか、常に問いかけていたのです。

その後、医療倫理や哲学を教育した成果の集大成として、臨床経験に基づき、患者さんやご家族が求める理想的な医師像の十項目をあげています[3]（本書一〇二頁参照）。そのうち、第八に、医者は患者さんやご家族のことを祈ることができること、そして、第十に、癒やす人は自ら傷ついた体験を持つことによってはじめて真の癒やし人になると記しています。病気にかかったことに対する悩みは医学的なモデルだけでは、視界の中になかなか入ってきません。医療者に見えない部分が患者さんにはあり、この見えない部分に光をあてなければ病気の治療にはなりません。このように、平山先生は共苦の思想から人間を見なければ本質には近づけないことを強調していました。

悲しみの創造的な意味

医学教育を通して生と死の教育などに関わるようになり、人間の悲しみの問題について深く考えるようになったと平山先生は述べています。臨床現場において、外来に訪れる人々は、その病気がどういうものであるにせよ、なんらかの悲しみを担っています。そして、悲しみを通して、その背後にあるご家族の問題や社会の問題が見えてきます。

悲しみをなるべく避けたいという気持ちを人間はもっていますが、素晴らしい働きをした先人たちの生涯には、悲しみの積極的な意味を見出すことができ、悲しみから創造的な価値が生まれています。悲しみを好ましくないもの、病的なものとして捉え、憂いを取り除くことばかりにとらわれてしまうと、人間の真実に触れる機会を奪い、生きる上で重要なことに目を背けてしまうことになります。

聖書には「喜びを抱く心はからだを養うが、霊が沈みこんでいると骨まで枯れる」（箴言17・22）と書いてある一方、「弔《とむら》いの家に行くのは、酒宴の家に行くのにまさる。そこには人皆の終りがある。命あるものよ、心せよ」（コヘレトの言葉7・2）という言葉もあります。悲しみは喜びよりも人間にとって本質的なものなのではないでしょうか、だからこそ、深い悲しみをもった人の作品や生き方というものは、多くの人々を感銘させるのではないでしょうか。悲しみを身にまといながら、どのように自己実現していくのか、未来に対してどうやって希望をもつことができるのか、これが平山先生の研究の主題でした。(4)

このような平山先生の共苦の思想には、当然のことながら、キリスト教信仰の影響が深く隠されています。キリスト教は懺悔だけでなく悲しみや苦しみに新しい意味と価値を見いだしてきた歴史があります。中世以来発達したとされる、秘義としての悲しみ、という考え方を平山先生は度々用いました。

医師であり医学史研究家であったハインリッヒ・シッパーゲスは、人間は病的本性をもっており、不安定な平衡の上に生きている弱いものである、と考えました。(5) 人は他人の重荷になり、手助けを必要とし、見知らぬ人の助けを求める「病める（苦しむ）人」（ホモ・パティエンス）であった、と言います。しかし、中世に入り、キリスト教の息吹が吹き込まれ、「病める人」に、その病を共に担う存在が与えられます。

シッパーゲスは次のように言います。中世の医療において「われわれが出会うのは悩める人間（苦しむ人《ホモ・パティエンス》）としての病人であり、それはまた共に悩める〔同情する〕共にある人間（共に苦しむ人《ホモ・コンパティエンス》）の助けなしには考えることができない。病んでいることとは、中世にあっては、われわれに割り当てられたこの地上での限りある生の期間において、病める者と健康な者がともに共同して両者の永遠の救済〔癒し〕を遂行する一つの生の形式なのである[(6)]」。

現在の医療とはまったく異なる時代、「病める人」に対し最も必要であったことは共に病み、苦しむ存在でありました。隣人の実存を支えようとする捨て身の思想は、現代医療から考えると、発展の欠如した負の遺産として貶められてしまうかもしれません。しかし、当時はそれしかできなかった、そして、共苦ということが人間にとっていかに重要であったか、ということも忘れてはならないと思います。

患者さんの下に立つ姿勢

一九八九年、平山先生はキリスト教メンタル・ケア・センターの立ち上げに関わり、さらに一九九二年、北千住旭クリニックを開設、院長として地域精神医療に携わりました。一九九三年、東洋英和女学院大学大学院人間科学研究科に日本で初めて死生学コースが設けられ、同大学に赴任し臨床死生学や精神医学、生命倫理を担当されました。また、二〇〇一年、ＮＰＯ法人グリーフケア・サポートプラザ理事長、二〇〇四年、自死遺族ケア団体全国ネット代表に就任し、その発展に貢献されました。さらに、二〇〇六年、聖学院大学大学院人間福祉学研究科の一分野に臨床死生学分野という科目群が設けられ、平山先生は籍を移し臨床死生学やグリーフケアの講義を担当しました。

死生学を研究するにあたり、平山先生は臨床で得られる生きた言葉を最も重要視しました。それを臨床知と呼び、さらに患者さんの下に立つような姿勢で臨まなければ、その知を得ることはできないと結論づけています。お互いの尊厳、つまり病む者の信頼と癒やす者の謙遜によってこそ創造的な信頼関係を作り上げ、治療を発展させることができる、これが平山先生の目指した学問の核心でした。

ところで、作家の柳田邦男先生は、ご自身の経験とグリーフワークから、医療者に二・五人称のすすめを説いています[7]。専門家の思考様式を乾いた三人称、肉親や恋人の関係を二人称と定義します。そして、専門家がご家族の身になって心を寄り添わせることが重要と考えますが、完全に二人称の立場になっては冷静で客観的、合理的な判断ができなくなるおそれがあることを指摘しています。そこで、二人称の立場に寄り添いつつも、専門家としての客観的な視点も失わないようにする、それが二・五人称の立場です。平山先生自身も、この二・五人称の立場を大切にし、「自己の死や病の客観化」と「他者の死や病の主観化」が臨床死生学の骨格をなしていると主張しました[8]。

死生学には、日常と病院、患者さんと治療者、病と健康、そして生者と死者の間をとりなす役目が期待されています。どのように、患者さんと治療者が共同して創造的死生観や人生を形成することができるのか。喪失や悲嘆、病をどのように創造的な価値に転換できるのか。医療を提供する側もいつかは医療を受ける側にまわります。立場は違うかもしれませんが、死は平等に訪れます。そう考えれば両者の間に大きな区別や溝はなく、むしろお互いの尊敬が不可欠なのではないでしょうか。平山先生は、医療の相互性、患者さんと医者の間の渡し船を出すために何ができるのか、そのことを常に考えていました。

診察室は祈りの場

キリスト教理念が掲げられたクリニックにおいて、平山先生は二十年以上にわたり地域精神医療に貢献されました。そこで多くの患者さんやご家族に出会い、心傷ついている信仰者が多いことを知ったといいます。そして、自身もキリスト者であり、精神科医であるという「二重国籍」をもつ者として、自己同一性（アイデンティティ）において苦悩していたことを明らかにしています[9]。様々な経験を踏まえ、心悩む信仰者のためになんとしても貢献したい、という並々ならぬ熱意をもっていたことも事実でしょう。「診察室は祈りの場である」という口癖には、患者さんも治療者も神さまによって祈られているという平山先生の信念があります。それは、「しかし、わたしはあなたのために、信仰が無くならないように祈った。だから、あなたは立ち直ったら、兄弟たちを力づけてやりなさい」（ルカ22・32）という聖書の箇所を大切にしていたように、平山先生も他者から祈られ、恵みを受けた経験があったからです。祈られている者として自らも祈ることを大切にしたのです。

むろん、医療現場は神学論争や信仰問答をする場ではありません。医療者として、科学的な思考をもとに治療を目指すという姿勢を忘れてはなりません。一方、信仰者として病む人を支え、他者への愛を実践することには祈りが必要です。祈りこそ目の前にいる人の存在を肯定する姿勢に他ならないのであり、その二つの視点をもって医療に向き合う姿こそ、平山先生が身にまとってきた信仰でした。どちらも否定することなく、己の限界をわきまえながら、なおも心悩む方々の癒やしと救いを信じる生き方を実践したのです。

「見捨てられ体験」に寄り添う

さて、病との邂逅《かいこう》は人間の実存を揺さぶる出来事です。「どうして私がこんな目にあわなければいけないのか」という問いは、患いの核心です。平山先生は、診察室から発せられた問いと、受難の道を歩んだイエスさまとの間にある共通項を見つけ、それが「見捨てられ体験」であるという結論にいたりました[10]。

自分という存在が消滅し、愛する人と別れなければならない恐れ、自分の生きがいや人生における役割が達成できなくなる不安、死に向かう絶対的な孤独の中核には、必ず「見捨てられ感」があるといいます。そして、疾病を患う者だけでなく、援助にまわるご家族や医療従事者も、心血を注いで看護や治療してきた患者さんの容態が悪化するとき、「見捨てられた」という感情をもつことを指摘しています[11]。

たとえば、平山先生にとって治療と患者さんの立場の板挟みになる看護師の苦悩は見過ごすことのできない問題であり、生涯にわたって惜しみない援助を行いました。このような支援にも、「見捨てられ体験」への気づきが関与しています。誰もがもちうる「見捨てられ体験」の視点から、援助者の苦しみをも理解しながら、患者さんが精神的に和らぎ慰められるように配慮し続けられました。

そして、「なぜ自分はこのような苦しい試練にあわなければならないのか」という共通の問いに答えるためには発想の転換が必要であり、病を担うという態度変容が必要である、と自身の闘病生活を経てたどり着きました。筆者は二〇一三年度聖学院大学大学院の平山先生の講義を補佐し、その薫陶を受けましたが、教えられた思想が《病を担うイエスさま》への信仰でした。

最後まで祈りたい

平山先生はどんな困難の中にあっても、「神さまが用意された道によって助けられてきた」と語りました。愛唱聖句であった「夕べになっても光がある」（ゼカリヤ書14・7）、

「死に至るまで忠実であれ」（黙示録2・10）を日々唱え、神さまへの信頼を最も大切にしました。そして、病を担う方に備わる神さまによる癒やしと救いを信じ、その生きた信仰の言葉を記し続けました。[12] 二〇一三年、筆者との対話集『イノチを支える』（キリスト新聞社、二〇一三年）においてもその熱意は伝えられ、その肉声は医療者や信仰者へのメッセージとして残されています。

二〇一三年十月二日、大学に出向いた最後の日、「心悩む方々のために残された人生を全うしたい」という決意を周囲に伝えられました。その後、病状が悪化し入院を余儀なくされました。入院する直前、私たちは喫茶店で話をしていました。突然、平山先生は、ルカによる福音書17章11—19節のイエスさまによる十人の癒やしの物語を話しはじめられました。

病気を患う十人が「イエスさま、先生、どうか、わたしたちを憐んでください」と言ってイエスさまを出迎えました。彼らは途中で「清くされ」、「その中の一人は、自分がいやされたのを知って、大声で神を賛美しながら戻って来た。そして、イエスの足もとにひれ伏して感謝した。この人はサマリア人だった」。このように聖書に記されていますが、平山先生はイエスさまから離れていった残りの九人を取り上げ、次のように語られました。「精神医療は最も信頼関係を築くことが難しい分野の一つである。私は、治療から離れていった九人のために、最後まで祈りたい」。ご生涯をかけて病を担う方の癒やしと救いを祈り続けた平山先生は、信仰をもつ医療者の誇りです。

「年齢を重ねるとは、与えられた時間を神さまにお返しするときである」と語り、最期まで「常に神さまの方角を向きなさい。そこに希望がある」と祈りながら、天に召されました。二〇一四年一月十一日、記念式において、平山静栄夫人は平山先生が日頃大切にしていたマルティン・ルターのものとされる言葉「明日、世界が滅びようとも、私は今日、林檎の木を植える」を引用し、矜持《きょうじ》をもって式を締めくくられました。

約半世紀、平山先生は生涯一臨床医として疾患の治療の可能性を追求しました。また、「共に病める（苦しむ）人」として共苦することを信条とし、病を担う方に仕え、神さまによる癒やしと救いを信じ続けました。偉大な師は自己開示を好みませんでした。なぜなら、病を担う方の苦悩を忘れないという共苦の思想は、自己のためではなく、《病を担うイエスさま》のように「他者を生かす力」を求めるものであったからです。全身全霊をかけて神さまとのとりなしを行おうとしたそのご生涯は、病を担う者の希望です。

注

1 平山正実『精神科医の見た聖書の人間像――キリスト教と精神科臨床』教文館、二〇一一年、二四一―二六六頁。
2 平山正実「旅行中に発生した精神障害について」『精神医学』一三巻四号、医学書院、一九七一年、三六三―三七一頁。
3 平山正実「医学教育における哲学の在り方――医師の立場から」『医学哲学 医学倫理』一二巻、日本医学哲学・倫理学会、一九九四年、一一八―一二四頁。
4 平山正実『死生学とはなにか』日本評論社、一九九一年。
5 ハインリッヒ・シッパーゲス『中世の患者』濱中淑彦監訳、人文書院、一九九三年、一〇九―

一一〇頁。
6 ハインリッヒ・シッパーゲス『中世の患者』、三三九頁。
7 柳田邦男『言葉の力、生きる力』新潮社（新潮文庫）、二〇〇五年、二三一―二三六頁。
8 平山正実『はじまりの死生学――「ある」ことと「気づく」こと』春秋社、二〇〇五年、二三七―二四八頁。
9 平山正実『心の癒しと信仰』袋命書房、一九九二年。
10 平山正実『見捨てられ体験者のケアと倫理――真実と愛を求めて』勉誠出版、二〇〇七年。
11 平山正実「緩和ケアとデスエデュケーション」『からだの科学』二二七号、日本評論社、二〇〇二年、六六―七〇頁。
12 平山正実『心の病Q＆A50』いのちのことば社、一九九四年。平山正実『心の病と信仰――主はわが命の袋』袋命書房、一九九八年。平山正実『心悩む者に神宿る』いのちのことば社、二〇〇三年。平山正実『精神科医の見た聖書の人間像――キリスト教と精神科臨床』教文館、二〇一一年。

平山正実先生が臨床経験を通して得た、
患者さんやご家族が求める理想的な医師像の特質（原型）

- 患者さんやご家族が何を望んでいるのかということに対して、耳を傾けるだけのゆとりがあること。
- 自己の限界をわきまえる人間であること。
- 個別性を重視した、思考の柔軟性があること。
- 平常心や慎重さを保つ理性と、患者さんとの心の通い合いを大事にする良心をもつこと。
- 「あなたを私は決して見捨てない」という一貫性、継続性があること。
- 温かい雰囲気を作り出す努力を怠らないこと。
- 自ら希望をもち、かつ患者さんに希望を与えられること。
- 患者さんやご家族のことを祈ること。
- 自己の精神内界を常に洞察する能力をもっていること。
- 癒やす人は、自ら傷ついた体験をもったことによって初めて真の癒やし人になりうるということ。

（平山正実「医学教育における哲学の在り方――医師の立場から」『医学哲学 医学倫理』12巻、日本医学哲学・倫理学会、1994年、118–124頁）

第6章　神とのとりなし――平山正実の附論を読み解く

平山正実先生が、ご自分の集大成と捉えた《病を担うイエスさま》への信仰は、『死と向き合って生きる――キリスト教と死生学』（教文館、二〇一四年）の附論「キリスト教と死生学――未完の完」によって結実されました。

この附論のもとになった原稿は、二〇一一年ごろより書きはじめられ、二〇一三年十二月に天に召される直前まで書き続けられたものです。最終的に私が編集を担いましたが、大量の原稿用紙に覚書のごとく記述され、さらに、いくつかのまとまりに分かれていました。また、まとまりの中にも反復もしくは類似した記述がありました。晩年に発表されたた他の著書や論文との重複もあり、すでに発表した原稿に新しく書き加えている箇所もありました。殴り書きされた部分もあり、その筆跡から、ベッドに横たわって闘病されながらも、なお必死に記されている平山先生の姿がおもわず浮かびました。残された時間に力を尽くそうとしたその執念に対して、畏敬の念を強く感じました。

二〇一三年度、闘病中であった平山先生を支えながら教えを受けるため、私は聖学院大学大学院の講義の補佐をしていました。《病を担うイエスさま》の信仰もそのときにいただいたものですが、当時、平山先生はパウロの言葉をよく引用していました。「兄弟たち、わたしたちの主キリスト・イエスに結ばれてわたしが持つ、あなたがたに対する誇りにかけて言えば、わたしは日々死んでいます」（Ⅰコリント15・31）とともに、先生が「パウロと同じように棺桶に足をつっこみながら、半分死に、半分生きています」と語っていたことを覚えています。

弱さの中で見えてきたこと

この附論「キリスト教と死生学——未完の完」は、パウロの「とげ」（Ⅱコリント12・

7）と重なるように、「肉体の棘《とげ》」について平山先生が告白することから始まっています。思えば、最後の入院となるとき、平山先生は「病気になり、体が弱る状態になるまで、同じ境遇にいた患者さんの気持ちを真に理解していなかった」と私に直接語りました。附論の中でも、自身の置かれた状況を率直に述べる箇所があります。

「また病気になると、たとえ健康なときにどんなに財産や名誉があったとしても、親しかった人はもはや近づこうとしない。なぜなら、そういう状況に置かれた人に会うことによって周りの人も苦しくなるからである。事実、筆者は病床に伏したとき同じような体験をした(1)」

このように、たとえ死の淵をさまよっていたとしても、自身を客観的に省みつつ、この世の最後に至るまで患者さんのことを理解しようとし、人間の奥深くに隠された実存に光をあてようとする試みを行っていたと思います。そのために先生は、附論の中で数多くの聖書箇所を引用しながら、石原謙先生と熊澤義宣先生の晩年の生き方を紹介し、本書の

「はじめに」においても説明したように、「下への超越」（本書七頁以下参照）である神の救いについて言及しました。

また、モーセはカナンの地に入ることを望んでいましたが、その望みはかなえられず、「主の僕モーセは、主の命令によってモアブの地で死んだ」（申命記34・5）ことを紹介しつつ、「たとえ未完成のままであっても、神に与えられた使命を精一杯果たそうと努力したのであれば、その人の人生は『未完の完』といえるのではないだろうか[2]」と記しました。

さらに、パウロの言葉である「信仰による義については、こう述べられています。『心の中で「だれが天に上るか」と言ってはならない。』これは、キリストを引き降ろすことにほかなりません。また、『「だれが底なしの淵に下るか」と言ってもならない。』これは、キリストを死者の中から引き上げることになります」（ローマ10・6―7）という箇所を引用し、自分の限界をわきまえながらこの世を生き抜く重要性を説きました。

そして、パウロも途上にある者としてこの世の生を終えたことを踏まえ、次のように記しています。

「他方、人生のゴールが見えてきたとき、パウロのように『信仰の戦いを立派に戦い抜き、永遠の命を手に入れなさい。命を得るために、あなたは神から召され、多くの証人の前で立派に信仰を表明したのです』（Ⅰテモテ６・12）と告白できる人は幸いである。死は万人に訪れる。だから、死の宣告を受けてもうろたえてはならない。命は神が握っておられるのであり、たとえ未完了であっても与えられた使命を全うしようとすることが生の拠りどころになるのである[3]」

さらに、精神科医としての経験を踏まえて「隠される神」「ヘブライ的存在論」「響き合う神」の概念を展開し、最終的に自身のライフワークであった「生死学」（死生学）について一言添えられました。

附論の最重要のメッセージ

さて、附論の最後のセクションは「死者と生者のとりなし」であり、死者の救いについて平山先生は述べています。

一見すると、生を重要視したこれまでの記述に反するようで、不自然な印象を与えます。また、平山先生自身も、「生者と死者とのコミュニケーションというと、キリスト教の伝統の中では警戒する人がいるかもしれない(4)」と述べ、キリスト教の伝統の中で死後のことについては人間がむやみに立ち入ってよい領域ではないこと、神さまに委ねるべき問題であることを強調しています。その上で、受洗せずに亡くなられた方、自死された方、福音を理解できないままこの世を去られた方の救いについて、真摯に向き合う必要性を感じたと語っています。実を言うと附論は、このセクションを伝えるために残されていたのです。日本の自死予防の第一人者としてだけでなく、自死遺族支援の重要性を説かれ牽引《けんいん》した真の医者だからこその熱意と執念でありました。

このセクションで平山先生は、ルターの「死への準備についての説教」に注目しています。現代の多くの牧師や信徒が死後の生について語るのをためらうように、ルターも「わたしが救いに予定されているかどうかを知ろうとするのは、神が知っておられることをことごとく知ろうとすることであって、神と等しくなろうとすることにほかならない(5)」と述べていますが、一方、救いについて、「だから、それをあなたの目から奪われないようにし、あなたをただキリストのうちに求め、あなたのうちに求めないようにしなさい。そうすれば、あなたは自分をキリストのうちに永遠に見いだすであろう[6]」とも述べます。

このルターの言葉を踏まえたうえで、平山先生は、キリストの「受難と復活の間にある陰府降下」に言及し、「死んだ者にも福音が告げ知らされたのは、彼らが、人間の見方からすれば、肉において裁かれて死んだようでも、神との関係で、霊において生きるようになるためなのです」（Ⅰペトロ４・６）を引用します。十字架にかけられたキリストは、死者の国である陰府にまで徹底的に降り、陰府にいる人々に福音を伝え、その人々にも救いがあることを明らかにしたのです。

そして「キリストの福音はこの世を超えるためにもたらされ、生者と死者のとりなしをも担われたのである。だからこそ、人は自らの罪と向き合い悔い改めながら死者の救いを祈ることができるのではないだろうか[7]」と平山先生はまとめています。

和解の奉仕

ここまで、附論の意図について説明してきました。平山先生は、この「死者と生者のとりなし」を論じるにあたって細心の注意を払いながら、この世を去られた方の救いという問題に取り組まれたのです。

キリストが生者と死者の間をとりなすこと、それは、生者と死者の関係性を回復させることであり、さらには死者を神さまと「和解」させることでもあります。平山先生の附論の考察は、この「和解」という主題へと展開していく可能性をもっていたと私は思います。「和解する」という動詞は、新約聖書ではパウロ書簡（および第二パウロ書簡）にしか現れない言葉です。(8)(9)(10) 神さまと人との関係について述べられている重要な箇所は次のものです。

「これらはすべて神から出ることであって、神は、キリストを通してわたしたちを御自分と和解させ、また、和解のために奉仕する任務をわたしたちにお授けになりました。つまり、神はキリストによって世を御自分と和解させ、人々の罪の責任を問うことなく、和解の言葉をわたしたちにゆだねられたのです」（Ⅱコリント5・18―19）

コリントの信徒への手紙二において、パウロは、イエスさまを「和解の言葉」としてとらえています。この「和解の言葉」は神さまから一方的に与えられ、私たちにゆだねられ、私たちは「和解のために奉仕する任務」を授けられるのです。「奉仕」の原語はギリシア語でディアコニアであり、直訳すれば「塵の中を通る」（ディアが「～を通って」、コニアが「塵」）ことだと説明されることがあります。奉仕は神さまの御心にかなう行為である一方、その行いは人間にとって大きな闘いです。

平山先生の考察につなげれば、こうなります。先生はキリストの陰府降下のゆえに、私たちは死者のために祈ることができる、と記していました。それは死者が神さまと和解できるよう祈る、ということでもあります。そしてこのことは、死者に限らず広く他者のために祈るという、和解の奉仕へとつながっていきます。

病を担う奉仕者

本書第二章にて、パウロが「とげ」としての病（Ⅱコリント12・7）を担ったことについて考察しました。第四章では調停者ヨブが神さまのいる「塵と灰」にひれ伏し感謝したことを述べました。そして本章で、奉仕には「塵の中を通る」という意味があることに言及しましたが、「塵の中を通る」とは、これまでの私たちの理解に重ねて言えば病を担うということでもあります。よって、神さまへの奉仕と病を担うことは一致していると考えられます。そこで、第二コリント書の5章18―19節の「奉仕」を病を担うことに置き換えてみます。

「これらはすべて神から出ることであって、神は、キリストを通してわたしたちを御自分と和解させ、また、和解のために《病を担う》任務をわたしたちにお授けになりました。つまり、神はキリストによって世を御自分と和解させ、人々の罪の責任を問うことなく、和解の言葉を《病を担う》わたしたちにゆだねられたのです」

病を担う者こそが、神さまとのとりなしの言葉、つまり「和解」の言葉を授けられているという認識を、私たちはもつことができます。病を担う者とは、ただ病の状態にある人間を指しているのではありません。病をもちながら神さまと共に主体的に歩もうとする者、苦難の僕であり主の僕である者、病を担いつつも調停者として新しい存在へと変えられたヨブと同じ境遇にある者、そして、平山先生が出会った病を担いながらも他者や死者の救いを求め、神さまに祈る方のことだと私は考えています。

そのような方にこそ、「和解」の契機が与えられています。その方と共に真にイエスさまは内在しているのであって、病を担うことは苦闘でありつつも、病を担うがゆえに私たちはパウロの言う「わたしの恵みはあなたに十分である。力は弱さの中でこそ十分に発揮されるのだ」（Ⅱコリント12・9）という主の言葉にたどり着くことができます。このことを知っているがゆえに、病を担う者は、「和解」という奉仕をすることができるのです。

これが、平山先生が苦闘の末に到達した《病を担うイエスさま》への信仰であり、この信仰を基に先生も病を担いつつ和解の奉仕者として祈り働きました。最後の最後に至るまで病を担われている方の癒やしと救いを祈ってこられた平山先生は、現代医療におけるパウロである、と私は確信しています。

注

1 平山正実『死と向き合って生きる——キリスト教と死生学』教文館、二〇一四年、一六四頁。

2 平山正実『死と向き合って生きる』、一五九—一六〇頁。

3 平山正実『死と向き合って生きる』、一六八—一六九頁。

4 平山正実『死と向き合って生きる』、一八六頁。

5 マルティン・ルター「死への準備についての説教、一五一九年」『生と死の講話』金子晴勇訳、知泉書館、二〇〇七年、一七二頁。

6 マルティン・ルター『生と死の講話』、一七八—一七九頁。

7 平山正実『死と向き合って生きる』、一九五—一九六頁。

8 荒井献、H・J・マルクス監修『ギリシア語新約聖書釈義事典Ⅱ』教文館、一九九四年（縮刷版、二〇一五年）、三一四—三一七頁。

9 大貫隆、名取四郎、宮本久雄、百瀬文晃編『岩波キリスト教辞典』岩波書店、二〇〇二年、一二四八—一二四九頁。

10 木田献一、山内眞監修『新共同訳 聖書事典』日本キリスト教団出版局、二〇〇四年、六九三頁。

第7章　病を担うナウエンの心の軌跡

二十世紀におけるキリスト教霊性の重要な指導者のひとり、ヘンリ・ナウエン（一九三二―一九六）は、光の世界と闇の世界の境界線上に生きる聖職者でした。

イエスさまはご自分を羊飼いにたとえ、囲いの外にいる迷える羊、つまり闇の中で苦しんでいる人々をも「導かなければならない」とおっしゃいました（ヨハネ10・16）。そして、イエスさまご自身も「門の外」で苦難にあわれました（ヘブライ13・12）。

同様にナウエンも、この世にある現実世界の闇を自ら体験し、その暗黒の「しるし」とされた病や死を絶えず凝視し、それに伴う「傷」を受苦として引き受け続けました。このように、光と闇とを見据える複眼的思考をもって生きようとすれば、現実の生は当然、緊張と葛藤、分裂の危機にさらされることになります。そのため、ナウエンは一瞬一瞬、不安定で綱渡り的な生き方を自らに課すことになりました。ナウエンのライフヒストリーを俯瞰すると、絶えずこのような苦難と対峙していた心の軌跡が浮き彫りにされてきます。感情の浮き沈みが激しくなったり、自我が引き裂かれアイデンティティの混乱をきたすこともありました。しかし、ナウエンの偉大なところは、そうした自己の混乱、苦しみ、不安、恐怖をありのまま受け入れ、人々にもその現実を告白し、その傷を神さまへの祈りの中でも率直に述べていることです。

ナウエンの精神生活

ナウエンは自分の精神生活の闇の部分を、様々な著書の中で語っています。まずナウエンの精神状態について、研究書をもとに医学的観点から考察します。[1][2][3][4]

ナウエンの感情や情動面には、空虚感や抑うつ気分、強いイライラ、焦燥感、不安が認められます。自分は愛されていないのではないか、見捨てられるのではないか、この世界では居場所がないという孤独感や疎外感にとらわれ苦しめられることが、しばしばありました。そのような不安定な自己像を、心に担う「傷」としてナウエンは受けとめ、まとめています。

しかし、ナウエンの精神生活をみていくと、いつも闇の部分にとらわれていたわけではありません。彼は聖霊に導かれて、喜び、希望、勇気、寛大さ、祝福、もてなす気持ちなどを周囲の人々に与え、福音を宣べ伝えました。彼は、こうしたエネルギーを発信する力をもっていたので、彼の周囲には癒やしと救いを求めて、絶えず、友人や病人、障がい者などが集まってきました。

ところで、精神世界で、このような光と闇との緊張感に苦しんでいたナウエンは、次のように言っています。

「人の中にはライオンと羊の両方が存在しています。霊的成熟とは羊とライオンが共存する能力です。ライオンとは成熟したあなたであり、積極的な自己です。それは自信に満ちて行動を決定することができる自己なのです。しかし同時にあなたの中には恐怖心に満ちた傷つきやすい羊がいて、その部分は愛情、支え、確認、保護を必要としているのです(5)」

ここでナウエンは、人間の現実に認識される積極性と脆弱《ぜいじゃく》性を凝視し、さらに両端のバランスを保つことの重要性を指摘しています。

父親の期待のもとで

ナウエンの精神生活に光と闇の両極端が共存していた背景には、彼の生育環境がありました。

ナウエンの父親は、オランダ政府の税務関係の仕事をする公務員であり、町ではエリート家族と知られていました。ナウエンはこの家に長男として生まれ、下には弟と妹がいました。家庭は裕福で、親は教養もあり著名で、しかもみんなが深い信仰心によって支え合っていました。

両親、とくに父親は、長男で成績が優秀であったナウエンの将来に特別な期待をかけていました。そのことは、ナウエンがカトリック教会の司祭職への召命を告白したときの、両親の反応によっても明らかです。

父は、「お前がこの世界で一人前の人間として、他の人と競い合って、何ができるというのを見せてみなさい。何かをやり遂げてみなさい」と言い、他方、母は、「何をしようとも、キリストから離れてはいけませんよ。大きなことをすることが大切なのではありません。大切なのはいつも心にイエスさまを招き、彼の導きを見失わないように」と励ましていました。ナウエンは司祭としての生活の前半の三十年は父の影響を、後半の十年は母の影響を受けたのです(6)。

もっとも、ナウエンは常に、父親の厳しい規律や出世志向に対して大きな隔たりを感じて、一種の近寄りがたさをもっていました。つまり、父親に愛されたい、父親から認められたいという思いは、ナウエンの内に、愛情への限りない飢えや愛されないことへの恐れを生み、他者から評価されることへの強いこだわりになっていきます。そして、些細な批判や態度によって容易に傷つき、羞恥心や屈辱感といった感覚が醸成されていきました。ナウエンは、そのような自己の精神生活を「心の傷」を受けたものとしてとらえたのでしょう。

昇る生き方、降りる生き方

しかし父の影響はそのようなマイナスのものだけでなく、プラスのものもありました。この点を彼の生涯から読み解くためには、人生の前半三十年（二十代から四十代）の彼の職歴をみれば、ある程度わかるでしょう。彼は、ノートルダム大学、イェール大学神学院、ハーバード大学神学院の教授を務めました。彼がハーバード大学の教授になったとき、まさに司牧教育における知的エリートとしての階段を昇りつめたといえます。数多くの講演や執筆活動もあり、日常生活は多忙を極めたと思われます。

このようにナウエンは、名声、賞賛、成功を獲得しようと努力してきました。自分に与えられた能力を最大限に生かそうとしたところに、ナウエンが父親から受けた良い影響をみることができると思います。

しかし、ナウエンは、俗的にいえば出世の頂点に立ったとき、人々から必要とされているると感じる一方で、「自分の魂を失って他の人に福音を宣べ伝えることに何の益があるか？」という内なる声を聞いたと述べています[7]。そして、頂点に立ったところから、彼の「自らを低くする道」への転換がはじまりました。つまり、陰府に下る道がはじまったのです。

ナウエンは人生の後半の十年（五十代）、司牧や教育活動と並行して、ＨＩＶ感染症・エイズ患者、圧政下で貧困と人権侵害に苦しむ南米の人々、同性愛者などセクシャル・マイノリティに属する人々、ホームレスの人々、死の淵をさまよう患者さんなど、この世の陰府の立場にいる人々に積極的にかかわっていきました。そして、最終的には、知的障がい者や重度の身体障がい者のケアを目的とする治療共同体、ラルシュ（箱舟を意味する）の職員になりました。

この共同体は神さまの愛を証しするためにジャン・バニエが創設したもので、文明の「解毒剤」として、多くの人々に評価されていました。ラルシュに集まるのは、社会から疎外され、孤独であって、自分の権利さえ主張できず、目立つことなく、沈黙せざるをえない環境に置かれていた人々でした。ナウエンは、このような忘れられた人々と連帯すべく、世俗的にみれば高い地位にある教職を捨て、その高みから陰府に下っていったのです。

苦しみを受け止めてくれる存在

ナウエンは、観想生活の中で行った省察によって、彼自身の精神世界において、深い「心の傷」ないし内的葛藤を背負いながら生きなければならないことに気づいていました。しかも、ナウエンは自分の弱さを隠すことなく、著書や会話の中でさらけ出していたのです。むしろ、自分の痛みを告白することが人のために役立つ、と信じていました。

彼は、人間には苦しみを自分のことのようにして受け止めてくれる存在が必要だと語っています[8]。しかし、なぜナウエンはそのような気持ちになったのでしょうか。それは、イエスさまが、かつて十字架上で死に、陰府にまで下り、見捨てられた人々と連帯し、現在も、また未来においても、彼らを癒やし救い自由にするということを信じていたからです。

ナウエンは、アウグスティヌスが『告白』の中に書いている「私たちの心は、あなたのうちに憩うまで、安らぎを得ることができないのです[9]」という言葉に共感していました。

大切なことは、ナウエンがイエスさまの中に憩いを見つけたことです。ナウエンは、イエスさまのわざに倣い、この世の小さきもの、弱きもの、闇に住むものと連帯し、共に苦しむという「共苦」の姿勢において彼らを癒やし救おうとしました。そして、そのようなわざをとおして、自らの魂もイエスさまによって癒やされ、己の真のアイデンティティを確立することを願ったのです。

ナウエンは、誰もが「心の傷」を避けられない存在であり、「どうやったら心の傷を隠せるか」というよりも、「心の傷をどうやって人々のために役立てるか」という問いかけが重要であると考えていました。そして、その背景にはイエスさまこそ神さまから与えられた「傷ついた癒やし人」であったという確信があるのです[10]。傷ついた者に伴えるのは、自らも傷ついた者です。まさにイエスさまが、傷ついた者として私たちに寄り添ってくださったように、私たちもまた自分の傷を通して誰かに寄り添うことができると、ナウエンは語り続けました。

二つの死

このようにナウエンは傷に積極的な意味を見出します。この思索の延長線で、ナウエンは、死さえも否定的にはとらえていません。

イエスさまは傷を受け、死をも経験された救い主です。このイエスさまが、私たちが生きているときも、死んでからも、一緒にいてくださるのです。その確信をナウエンに与えた二つの出来事に注目したいと思います。

母の死

まず、最愛の母をがんで亡くしたときの喪失体験があります(11)(12)。母は死の床においてがんの痛みと戦いました。闘病においては、臨終に際する不安や孤独、苦痛など、ありとあらゆる病の諸相が発現します。安らぎや穏やかさとは対極に位置する現実的な母の姿、直面した苦悶を目にし、信仰の試練に立ち向かうために新しい言葉が必要だった、とナウエンは吐露しています。そして、彼はその母の様子をイエスさまの十字架の苦しみに重ね合わせることで、私たちはそれぞれの人生においてイエスさまの受難を分かち合わせていただくという信仰の境地に達しました。イエスさまの御心と共に生きたいと望む者は、誰しも、イエスさまの受苦と共に臨終を迎える、と語っています。

さらにナウエンは、弟子たちの仕事（宣教）がイエスさまの死後に完成したことを、例にあげています。人の死によって持ち越された事柄が未来において完成し、未来において、さらに大きく恵み豊かに生かされるということがありうるのです。そしてナウエンは、母が生きている間はその存在はごくわずかな人のものであったが、死によって周囲の人々に「いろいろな形で、恵みを与える存在になった」としています。その死が愛というかたちで時間を超え、継承される。つまり、死に遭遇したときに、過去にとらわれてしまい未来の可能性を閉じ込めるのではなく、心を開き、改めて神さまにゆだねる重要性を語っているのです。

自分の臨死体験

次に、母の死に続く出来事として、ナウエンが負った自身の外傷と臨死体験を考察します。ナウエンは、歩行中、突然走ってきた自動車のサイドミラーとぶつかり、跳ね飛ばされ、重傷を負った経験を『鏡をこえて』（*Beyond the Mirror*）という本の中で語っています[13]。これが死に直面した第二の出来事です。このとき、ナウエンは重傷を負い、生死の境をさまよいました。彼はのちにこの体験を回想し、一種の臨死体験の中で神さまからの招きがあったといいます。神さまが一層自分の近くにいることが感じられ、そして、死に対する恐怖は消えたのです。ナウエンはこの経験を通して、死は次の段階に入る入り口であって、生涯が終結すると神さまの大きな愛に包まれその懐に帰る、と確信するようになりました。

一方、ナウエンは助けられたことに感謝しながら、死が遠ざかったのではなく、むしろ自分の課題や葛藤のためにこの世に残されたのではないか、と考えるようになった、といいます。というのも、生から死への境界線上における苦闘とは、愛する人との別れよりも、むしろ和解することができなかった人々と別れることであると気づかされたからです。そして自らの死に直面したとき、この和解の作業が完成されていないことを苦悩し、深い悲しみに陥ったと告白しています。九死に一生を得た経験と神さまと向き合う洞察から、人生とは、死に向かっていく旅路であり、この旅の目的は出会いと別れを重ねながら、他者のために生きることだという結論を導き出しているのです。

自分のために生きるのでなく「他者のために生きる」ということは、聖書の信仰において、神さまの応答を待ち望むことと深くつながっています。この神さまの応答を待ち望むことについてナウエンは別の本で取り上げています。彼によればそれは受け身としてではなく、神さまによって与えられた今という時を育む積極的な心のあり方として貫く態度です。そして、人間の想像を超える神さまの愛が私たちの身の上に起こることへの希望と、神さまの方向を向き続けるという姿勢こそが聖書全体をとおして鳴り響いている一貫したテーマであるとナウエンは主張しています(14)。

母の死、そして自身の交通事故は、ナウエンの精神世界と、育み続けてきた思索を統合する出来事でした。それは、人間の存在の根底がまったく不確かで、自分は無力であると感じさせられると同時に、この世の競争社会の勝敗とはまったく別に、自分が生まれる前から神さまのものであり、死んでからもなお神さまに属するという信頼を確かにする出来事でした。

人生の華やかな部分ではなく生々しい現実に直面したとき、キレネのシモンがイエスさまの十字架を担いだ（マルコ15・21）ように、私たちにも自らの闇を、そして隣人の闇を新たに担う機会が与えられているとナウエンはいいます。[15]交通事故にあいながら一命をとりとめたナウエンは、手術の傷が癒えた後に、ラルシュでの生活に戻り、さらに創造的な活動を行いました。

この世で霊的に生きる

このようなナウエンの心の軌跡は、彼の「共苦」の姿勢を保つ原動力がどこにあるのかを再確認させるものです。

例えば彼が『アダム』という本の中で語った、かけがえのない友人アダムへの感謝の表れの中に、その核心を読み取ることができます。[16]アダムは、ラルシュに暮らす障がいを持つ男性です。ナウエンは、アダムと共に生き、彼の苦難を共に担う中で、自分がどんなに大きな恵みを受けたかを、深い感謝の内に記しています。

また、ナウエン自身がこの世の生涯を閉じる直前、「私は死なないと思うが、もしもそうなったらみんなに私がどんなに感謝していたか伝えてください」と詩編九一編と共に語ったとされます[17]。

ナウエンは傷や病を背負いながらも、キリストに根ざすという中心軸に常に立ち帰ろうとしていました。たとえ傷を負っていても、どんなに罪深い者であっても、大切なのは、生きる中心をこの世の栄華に置くのか、それとも神さまの支配する世界に見出すのか、です。後者を選ぶには、この世で霊的に生きるための立脚点、つまり神さまの愛への信仰が重要であることを主張しています。

そして、もし神さまに愛されている者として生きようと決意することができるならば、私たちの眼差しは生死の境を遥かに超え、短い人生で学んできたことを神さまに物語る日を待ち望むことができ、死に対する恐れは自然と消えるといいます[18]。そのようにナウエンが語りかけていることは、限りない欲望を追求する社会に生きる私たちへの慰めにもなりえると思います。

老いにおける共苦

こうしたナウエンの死生観と「共苦」の姿勢は、彼ならではの老いに対する理解をも作り上げます。最後にそれを見ておきたいと思います。

ナウエンは年齢を重ねることを車輪が回り、人生の軌跡を完成させていくことにたとえています。そして老いることは、人生の神秘が徐々に明らかになってくる成長過程であり、誰もがたどる道なのだから、老いの景色を共有すべき経験ととらえています。(19) またナウエンは、日常的に喪失と再生を繰り返す存在である私たちに、限られた人生の時間を意識することによってお互いがお互いの癒やし人になることができることを示しています。(20)

さらにナウエンは、とくに死が迫っている人に対し、神さまの道を準備する介護の視点が重要であると述べています。介護者も介護される側も、世界中の人類が長年にわたって経験してきた苦しみの歴史に自分を一致させ、苦しみを共に担い、それでもなお神さまと共に生きる方向性を模索することができると主張しています。(21) 臨終の床に臥すことは絶望の象徴なのかもしれませんが、弱さの中にあってこそイエスさまに根ざし、イエスさまによって互いに連帯し、大きな人類家族と一致することが、無である人間の存在を支える唯一の道筋であると、ナウエンは説いているのです。

注

1　マイケル・オラフリン『ヘンリ・ナウエン――その生涯とビジョン』廣戸直江訳、聖公会出版、二〇一二年。
2　酒井陽介『ヘンリー・ナーウェン――傷つきながらも愛しぬいた生涯』ドン・ボスコ社、二〇〇八年。
3　ミッシェル・フォード『傷ついた預言者――ヘンリ・ナウエンの肖像』廣戸直江訳、聖公会出版、二〇〇九年。
4　大塚野百合『あなたは愛されています――ヘンリ・ナウエンを生かした言葉』教文館、二〇〇九年。
5　ミッシェル・フォード『傷ついた預言者』、六三頁。
6　酒井陽介『ヘンリー・ナーウェン』、三八頁。
7　マイケル・オラフリン『ヘンリ・ナウエン』、一一七頁。
8　ヘンリ・J・M・ナウウェン『心の奥の愛の声』小野寺健訳、女子パウロ会、二〇〇二年、八七―八八頁。

9 アウグスティヌス『告白』山田晶訳、世界の名著14、中央公論社、一九六七年、五九頁。

10 ヘンリ・J・M・ナウエン『今日のパン、明日の糧』嶋本操監修、河田正雄訳、聖公会出版、改訂版、二〇一一年、二二三頁。

11 ヘンリ・J・M・ナウエン『母の死と祈り――魂の暗夜をこえて』多ヶ谷有子訳、聖公会出版、二〇〇三年。

12 ヘンリ・J・M・ナウエン『慰めの手紙』秋葉晴彦訳、聖公会出版、二〇〇一年。

13 Henri J. M. Nouwen, *Beyond the Mirror: Reflections on Death and Life*, Crossroad, 1990.

14 ヘンリ・ナーウェン『待ち望むということ』工藤信夫訳、あめんどう、一九九八年、一四頁以下。

15 ヘンリ・J・M・ナウエン『イエスとともに歩む――十字架の道ゆき』景山恭子訳、聖公会出版、四三―四七頁。

16 ヘンリ・J・M・ナウエン『アダム――神の愛する子』宮本憲訳、聖公会出版、改訂新版、二〇一三年。

17 ミッシェル・フォード『傷ついた預言者』、三一九頁。

18 ヘンリ・ナーウェン『愛されている者の生活――世俗社会に生きる友のために』小渕春夫訳、

あめんどう、一九九九年、一四三―一五四頁。
19　ヘンリ・J・M・ナーウェン、ウォルター・J・ガフニー『闇への道　光への道――年齢をかさねること』原みち子訳、こぐま社、一九九一年、九―一〇頁。
20　ヘンリ・J・M・ナウウェン『最後の日記――信仰と友情の旅』太原千佳子訳、女子パウロ会、二〇〇二年、一七二頁。
21　ヘンリ・J・M・ナウエン『最大の贈り物――死と介護についての黙想』廣戸直江訳、聖公会出版、二〇〇三年、五三―九七頁（特に七七―七八頁）。

あとがき

本書の企画、つまり、平山先生からの課題に取り組むことを日本キリスト教団出版局の土肥研一先生（日本キリスト教団目白町教会主任牧師）に相談した際、「苦難の意味を考えてください」という新たな課題をいただきました。お話を伺い誠実なお人柄に牧会者として尊敬の念を強く抱きましたが、同時に、ある戸惑いを感じました。なぜなら、《病を担うイエスさま》への信仰を再考するという平山先生のご質問の方向性と、土肥先生の言葉が共通していたからです。さらに、本書の執筆や土肥先生との編集過程を進め、ある直感に至りました。土肥先生からの課題、平山先生との邂逅《かいこう》の既体験感を辿っていくと、《病を担うイエスさま》に通じるのではないか、という気づきです。牧会者は自然とその身に《病を担うイエスさま》への信仰を身にまとっているのではないか、そして、その牧会者のうちに《病を担うイエスさま》がたしかに内在している、そう感じないではいられませんでした。《病を担うイエスさま》との出会いを明らかにする本書の執筆作業は、私にとって祈りのときでした。

医者は患者さんとのかけがえのない出会い、そして言葉によって育てられます。一方、医療現場は日々信仰との戦いでもあります。医学の発展は著しく、診断や治療の可能性が大いに広がっていますが、現代医療でもいまだ解明されていない病気の苦しみは星の数ほどあります。また、病がある限り、患者さんの苦悩がなくなることは決してありません。しかしながら、その原因を罪やサタンに求めることは医療者としてできません。《病を担うイエスさま》が、「本人が罪を犯したからでも、両親が罪を犯したからでもない。神の業がこの人に現れるためである」（ヨハネ９・３）と宣言されたからです。この言葉を武器にし、信仰をもつ医療者は病と戦い続けています。「医者もまた主に祈り求めているのだ。

病人の苦しみを和らげ、命を永らえさせる治療に成功することを」（シラ書38・14）と聖書にあるとおり、病を担う方の苦難に向き合うために医療者も祈りを必要としているのです。第五章に記しましたが、平山先生が看護師などへの支援者支援を重視され、惜しみのない援助を行ってこられたことも改めて強調したいと思います。

ところで、平山先生は「人間ではなく神さまの方を向きなさい」と常におっしゃっていました。人間の欲望は際限がなく、傲《おご》り（ヒュブリス）をもっています。臨床現場で人間の心を支えてきた師は、「自分をわきまえる、という意味で『自分』という言葉を大切にしています」とも述べ、欲望が肥大化しないよう注意深く歩んでこられたと思います。その誠実さと謙虚さには、客観的に病をとらえ治療を模索し、病を担う方の回復を第一に考えていく、という臨床医としての矜持《きょうじ》があったと思います。よって、本書においても、師の偉大さに触れつつ、《病を担うイエスさま》には代えられない、という主旨を大切にしました。

これまで私と出会い育ててくださったすべての患者さんに感謝申し上げます。次に、師からの薫陶の機会を守ってくださった阿久戸光晴先生、師による《病を担うイエスさま》の信仰を支えてくださった宮本久雄先生、師の代わりに精神科医になるためのいろはを教えてくださった加藤敏先生、阿部隆明先生をはじめ自治医科大学精神科の諸先生方、精神科医のあるべき姿を背中で教えてくださった久住一郎先生、齊藤卓弥先生をはじめ北海道大学精神科神経科の諸先生方に、この場を借りて感謝申し上げます。また、平山先生と同じように御指導いただきました平山静栄夫人、そして竹内公一先生に改めて感謝申し上げます。最後に、私の拙い文章に朱を入れてくださった土肥先生に深く感謝申し上げます。本書は土肥先生の御指導なくして完成できませんでした。平山先生からの課題を一緒に解いてくださり、ありがとうございました。

黒鳥偉作

二〇二〇年六月

初出一覧

本書は、すでに発表された以下の論文や共著を出典とし、大幅に修正、加筆を加えています。

第一部

第一章　黒鳥偉作「平山正実の医療哲学――キャリーという共苦の思想」、窪寺俊之編著『希望を支える臨床生死観』聖学院大学出版会、二〇一五年、一一三―一五四頁。

第二章　黒鳥偉作「病を担いつつ神と生きること」、『信徒の友』二〇一八年九月号、日本キリスト教団出版局、一四―一七頁。
黒鳥偉作、平山正実『イノチを支える――癒しと救いを求めて』キリスト新聞社、二〇一三年、一七〇―一七六頁。

第三章　黒鳥偉作「癒やしの安息日を生きる」、『カトリック文化カトリコス』東京純心大学キリスト教文化研究センター愛智研究会、二〇二〇年、二五―三二頁。

第四章　書き下ろし。

第二部

第五章　黒鳥偉作「病を担うイエスにならいて――平山正実の共苦と共知」、宮本久雄・武田なほみ編著『2014年上智大学神学部夏期神学講習会講演集　希望に照らされて　深き淵より』日本キリスト教団出版局、二〇一五年、二二六―二四三頁。

第六章　書き下ろし。

第七章　黒鳥偉作、平山正実「境界線を生きる人ナウエン――心の軌跡と共苦の姿勢から学ぶ」、平山正実・堀肇編著『ヘンリ・ナウエンに学ぶ――共苦と希望』聖学院大学出版会、二〇一四年、八一―一〇六頁。（本稿は、聖学院大学総合研究所の臨床死生学研究の一環として開催されたシンポジウム記録をもとにしています。当初、平山先生ご自身が執筆していましたが、闘病のために書き続けることが困難となりました。そこで、同時期に平山先生の大学院の講義を私が補佐していたことから、私への指導をかねて、協働して執筆することになりました。ナウエンの人生の前半部分は平山先生の記述が中心で、ナウエンの死との出会いや晩年については私が担当しました。平山先生と相談しつつ、最終的に、私がすべての文献に目を通して全体をまとめました。）

黒鳥偉作《くろとりいさく》

2009年、自治医科大学卒業。神奈川県立足柄上病院にて初期臨床研修。その後、津久井赤十字病院、北海道立羽幌病院にてへき地医療に従事。津久井やまゆり園の方々との出会いがあり、2016年、自治医科大学とちぎ子ども医療センター子どもの心の診療科、2018年、北海道大学精神科神経科にて後期研修。2019年、北海道立羽幌病院にて再びへき地医療に従事、現在に至る。日本キリスト教団補教師。平山正実先生に師事。
著書：
『イノチを支える』（共著、キリスト新聞社、2013年）
『臨床現場から見た生と死の諸相』（共著、聖学院大学出版会、2013年）
『ヘンリ・ナウエンに学ぶ』（共著、聖学院大学出版会、2014年）
『希望を支える臨床生死観』（共著、聖学院大学出版会、2015年）
『2014年上智大学神学部夏期神学講習会講演集 希望に照らされて 深き淵より』（共著、日本キリスト教団出版局、2015年）
『摂食障害入院治療』（共著、星和書店、2020年）

病と信仰

病を担うイエスと生きる

2020年8月25日　初版発行

著者　黒鳥偉作

発行　日本キリスト教団出版局
〒169-0051　東京都新宿区西早稲田2-3-18-41
電話・営業03（3204）0422
編集03（3204）0424
http://bp-uccj.jp

印刷　河北印刷

ISBN978-4-8184-1069-5　C0016　日キ販
Printed in Japan